グローバル経済下の
サプライチェーンとリスク

石井 隆

保険毎日新聞社

はじめに

　2011年の東日本大震災や同年に発生したタイ洪水では多くの企業が被災し、サプライチェーンが寸断されて国内外の多くの企業が事業中断、あるいは生産規模の縮小に追い込まれている。「サプライチェーンの寸断」という言葉は注目されたが、事業中断によって企業が被った損害についてはほとんど話題になっていない。欧米のリスクの専門家の最大の関心事が事業中断による損害であるとされ、その原因として火災・爆発や自然災害などの直接的損害のみならず、事業中断による損害についても重大なリスクとして高い関心が寄せられているのとは大きく状況が異なる。

　日本の低い関心度の背景には、日本企業はそもそも建物や設備にも保険を十分に掛けておらず、あるいは全く保険を掛けておらず、事業中断による損害にまで目が向かない、という問題がある。しかしながら、自社の工場や生産ラインが被害を受けて事業中断に追い込まれた期間の逸失利益、事業継続費用及び様々な追加費用は、企業の財務基盤に深刻な影響を及ぼしかねない重大な問題である。また、取引先、顧客が事故や災害によって事業中断したことによるサプライチェーンの寸断、すなわち、自社には物理的損害がない場合の事業中断による損害も企業経営にとって深刻な脅威となる。

　よく考えないといけないことは、グローバルな経済社会では効率的サプライチェーンの構築と運営と同様に、サプライチェーンを停止させないこと、万一障害が発生した場合には速やかに復旧させることが企業間競争を勝ち抜いてゆく上で鍵となっていることである。日本は、エネルギー・鉱物資源の大部分と食料の7割（カロリーベース）を海外からの輸入し、海外への資本投資と国際的分業、及び工業製品の輸出によって経済が成り立っており、効率的でグローバルなサプライチェーンの構築と運営と同様にサプライチェーンの寸断に備えておくことが非常に重要である。

　近世以降の歴史を振り返ると、経済覇権は資源国が握っているわけではなく、大きなサプライチェーンを確保し、経済合理性を高めた国が握ってい

る。アメリカ合衆国は資源国であるという反論があるかもしれないが、アメリカが世界の経済的覇権を握った原動力は国内のエネルギーや鉱物資源ではなく、イノベーションが次々に生み出される環境を整備し、さらに広大な国土を水運、鉄道、自動車道路によって結んでサプライチェーンを確立したからにほかならない。そして、現代の経済社会においては、グローバルなサプライチェーンの構築による価格競争力の確保と資本効率の高い経営が企業間競争を勝ち抜いてゆくための最重要要素となっている。

また、政治・経済情勢は日々変化し、技術と製品の更新サイクルが短くなっており、状況の変化に応じてサプライチェーンを見直してゆく必要がある。効率的なサプライチェーンの運営は国家経済の発展と企業間競争に勝ち残るための鍵であるが、その一方で拡大化・複雑化し続けるサプライチェーンの管理（SCM）とサプライチェーンの問題が発生した場合の対処が重要な経営課題になってきている。

本書では、サプライチェーンが果たしてきた歴史的意義と仕組みを確認し、歴史的認識に基づいて現在の高度なITの普及に支えられてグローバル化・高額化・複雑化したサプライチェーンについて、リスクを中心に特徴と問題点、脆弱性について検証する。そして、現代のサプライチェーンに関するリスクに対してどのように対処すべきか、ということについて検討を行う。

検討にあたっては、過去の教訓から学ぶことができない様々な新しい問題についても対応策を見つけなければならない。新しい技術は人間の社会生活の向上に大いに寄与するが、同時に様々な新しいリスクを伴う。ITとコンピュータが経済社会の不可欠な道具となった中で、サイバー事故はサプライチェーンを寸断し、企業活動・社会生活に重大な問題を引き起こす。さらに、AIの導入やデジタル革命は産業構造を根底から変える原動力となる半面、自立したAIが暴走するリスクがある。3Dプリンティングやナノテクノロジーについても経済チャンスとなる一方で未知のリスクを伴う。また、気象災害は伝統的問題であるが、気候変動による気象災害の激化は人類の未体験の問題である。

サプライチェーンの寸断を未然に防ぎ、あるいは影響を極力小さくするた

めには、原因リスクを分析し、防災・減災技術の向上を図ることが重要であり、さらに、事故が発生した場合に操業の復旧を迅速に行うための経済的備えが必要である。資本はあらゆる問題の解決策であるが、企業は高い資本効率の実現という命題を持ちつつ諸課題を解決してゆかなければならない。特に、低成長・低金利時代においては資本効率が企業間競争の優劣を決定づける要素となるため、リスク対応のための追加資本調達費用と保険・再保険による資本の補完機能を比較し、最適な組み合わせを検討・導入してゆくことが重要になる。難しい問題ではあるが、近世以降の歴史を振り返れば解決・改善に向けてのヒントがある。

　本書は二部構成とする。第Ⅰ部は短い四つの章により構成し、第1章ではグローバルなサプライチェーンが構築されてゆく経緯とその意義について基本的な説明を行い、続く第2章から第4章ではイギリス、アメリカ、そして日本の経済発展の中でサプライチェーンが果たした役割について、歴史を振り返りながら説明する。

　後半の第Ⅱ部は第5章から第7章の少し長めの三つの章によって構成する。グローバリゼーションと高度なITの普及を背景にした現在のサプライチェーンの高額化・複雑化の現状、重大性が高まる事業中断リスクとサプライチェーンの寸断の関連性について検証し、事業中断リスクの軽減のためにERM（統合型リスクマネジメント）、保険・再保険で何ができるのか、さらにどのような対応を検討すべきか、ということについて筆者の考えを述べる。

　なお、本書の内容、意見、資料の使用などはすべて筆者個人の責任で行ったものであり、筆者が属するジェネル・リインシュアランス・コーポレーションの考えを代表するものではない。

　2019年6月

石井　隆

目　次

はじめに ……………………………………………………………………… i

第 1 章

グローバルなサプライチェーンの始まり ……………… 3

1. 17世紀のイギリスの海洋進出──スペインからオランダ、そして
   イギリスへ ……………………………………………………………… 4
2. イギリスの海洋進出と植民地経営 …………………………………… 8
   （1）陸上国フランスと海洋国イギリスの戦略 ……… 8
   （2）海軍の役割 ……… 11
   （3）植民地経営とサプライチェーン ……… 12
   （4）イギリス王国からイギリス帝国（大英帝国）へ ……… 15

第 2 章

イギリスの世界覇権確立と金融、保険 …………………… 21

1. 産業革命と資本 ………………………………………………………… 23
   （1）金融に対する倫理観の変化 ……… 25
   （2）国際金融市場「シティー」の成立 ……… 29
2. Lloyd's と保険市場の発展 …………………………………………… 32
   （1）近代的保険制度の成立 ……… 33
   （2）損害保険 ……… 35
   （3）生命保険 ……… 38
   （4）再保険 ……… 40

v

第3章

アメリカ合衆国の経済発展とサプライチェーン ……… 44

1. フロンティアによる自国領土拡大 ……… 46
   （1）大陸横断鉄道 ……… 48
   （2）ミシシッピ川及び五大湖と大西洋を結ぶ運河 ……… 50
   （3）パナマ運河 ……… 51
2. アメリカ合衆国国内におけるサプライチェーンの完成 ……… 53
   （1）モンロー主義 ……… 53
   （2）第二次産業革命 ……… 55
   （3）エネルギー資源のサプライチェーン ……… 56
   （4）アメリカの金融市場（銀行、証券、保険）とアメリカドル ……… 58

第4章

アジアの海洋国「日本」 ……… 66

1. 海運の利用 ……… 67
2. 明治維新の目的 ……… 72
3. 大東亜共栄圏とエネルギー資源 ……… 76
4. 日本の造船と海運力 ……… 78
5. 世界最大の債権国 ……… 81

第 5 章

サプライチェーンの拡大と高額化・複雑化 ……… 87

1. 企業の多国籍化と国際的分業——国境を越えたサプライチェーンの拡大 ……… 87
2. 国境の概念のない IT の普及 ……… 91
3. 金融の自由化と国際化 ……… 95
4. 地域経済圏、FTA と EPA、保護主義 ……… 100
   （1）EU とユーロ経済圏 ……… 100
   （2）FTA と EPA ……… 103
   （3）中国の「一帯一路」 ……… 104
   （4）イギリスのブレグジットとアメリカの保護主義政策 ……… 107

第 6 章

サプライチェーンと事業中断 ……… 112

1. 事業中断リスクの重大性 ……… 113
2. 気候変動 ……… 119
3. 物理的損害を伴わない事業中断リスク ……… 124
   （1）サイバー事故 ……… 124
   （2）サプライヤーの供給中断（サプライチェーンの寸断） ……… 128
   （3）法規制の変化（経済制裁、政権交代、保護主義） ……… 132
   （4）AI をはじめとした新技術の開発・導入 ……… 137

第 7 章
サプライチェーンリスクへの対応 ……………………… 147

1. ERM（統合型リスクマネジメント）の目的変化 …………… 149
2. 追加資本による対応の困難性 ………………………………… 152
3. 事業中断リスクに対する保険（保険類似金融商品を含む）……… 155
   - （1）事業中断保険（BI 保険）………… 155
   - （2）保険の世界的課題——プロテクションギャップ ……… 158
   - （3）日本の企業保険の現状 ………… 161
4. 保険による資本効率の向上 …………………………………… 165
5. 戦略的再保険の利用 …………………………………………… 168
   - （1）戦略的再保険の目的 ………… 169
   - （2）戦略的再保険の実例 ………… 173
6. リスクテーカーの主役の交代 ………………………………… 176

あとがき ………… 182
事項索引 ………… 185
著者略歴 ………… 189

第 I 部

第1章　グローバルなサプライチェーンの始まり

　広い領土を治め、多くの人々を従えて豊かになることは古来より人間の本能的欲望であり、そのためにはまず自国の農業を発達させ、産業を興して経済を発展させなければならない。経済の三つの生産要素として、「土地」「労働」「資本」が挙げられるが、経済発展はそれらの三つの要素をいかに効率的に確保・運用するか、すなわち、それらの要素の効率性の高いサプライチェーンをいかに構築し、展開してゆくかということにかかる。文明社会の発達の歴史は経済発展と覇権争いの歴史でもあり、生産要素を効率的に確保し、その規模を拡大してきた競争の歴史でもある。

　本書のテーマは「サプライチェーン」のリスク対応の重要性について検討することであり、まず、「サプライチェーン」という言葉の意味を明確にする必要がある。本書では、製造業者やサービス提供者を想定し、サプライチェーンを「製品やサービスを提供するための燃料や原材料の調達と製品及びサービスを最終消費者に供給する双方の一連の全過程」とする。サプライチェーンを人間の体に例えることができる。すなわち、サプライチェーンは血液を循環させる大動脈や大静脈の血管の役割をしており、それが詰まると酸素や栄養分、水分などが行き届かなくなり、老廃物を排出できなくなって様々な器官が機能停止するように、経済が機能停止する。

　また、サプライチェーンの検討にあたって、土地、労働、資本の三つの生産要素を中心に、サプライチェーンの構築がどのようにして行われ、経済発展及び企業の成長において果たしてきた重要性とリスク対応の必要性と方法について検証する。

第I部

　サプライチェーンが企業活動において中核的役割を担う中で、その複雑性から管理の重要性が増してきている。サプライチェーン管理（SCM：サプライチェーン・マネジメント）の目的は、原材料の供給から製品製造、販売・流通に至る工程を最適に行うことによって製品・サービスの付加価値を高めることであり、企業の継続的発展を展望する上で鍵となる。企業は、SCMを通して経済状況の変化と様々な経営リスクに対して常にサプライチェーンを見直し、最適化を図らなければならない。ところが、サプライチェーンは時代とともに複雑化、グローバル化、高価値化する中で管理が難しく、リスク対策の重要性が増してきている。また、サプライチェーンは企業の登記国の国家戦略、状況、法律などにも大きく影響されることから、その本質を理解するためには経済発展の歴史を少し遡る必要がある。

　なお、本書では多くの歴史上の出来事について言及するが、経済発展とサプライチェーンの重要性、金融の役割、リスクの引受けについての説明のためのものであり、歴史の説明としては完全なものではない。また、植民地、奴隷貿易、阿片貿易、奴隷制度、侵略戦争などの基本的人権に関わる歴史上の暗い出来事に言及する箇所がある。それらは歴史的事実として記述するものであり、筆者がそれらを肯定するものではない。

1. 17世紀のイギリスの海洋進出
―― スペインからオランダ、そしてイギリスへ

　紀元前4世紀にマケドニア王国のアレクサンダー大王は、ペルシャやエジプトを従えて広大な領土を支配し、地中海都市と支配地域の間で交易と文化の交流が行われている。次に、紀元前27年に共和制から帝政に移行したローマ帝国が世界史に登場する。ローマ帝国は、最盛期には北は現在のイギリス、ドイツ、西はスペイン、南は北アフリカ、エジプト、東はペルシャに及ぶ広大な領土を支配し、様々な産物がローマに運ばれ

た。征服した広大な領土（土地）の統治には、民族と出身地にかかわらず優れた人材（労働）を登用して大きな富（資本）を築き、1000年にわたって繁栄（資本）を維持している。その間に、文学、芸術、舗装道路・橋梁・大浴場・円形劇場などの高度な土木・建設技術が発達するとともに、ローマの優れた文明が広く世界に伝播している。

アジア文明の品がヨーロッパに持ち込まれたのは、紀元前2世紀頃古代ローマと中国の秦・漢の時代に始まり唐が栄えた7世紀頃に盛んに行われたシルクロード交易による。そして、13世紀後半までにチンギス汗、フビライ汗らによって拡張したモンゴル帝国（1271年に「元」に改名）の領土は、歴代の中国王朝の領土をはじめ、東は朝鮮半島から西は東ヨーロッパ、中央アジア、カスピ海、黒海を収め、トルコ、ペルシャ、地中海の東端にまで達していた。モンゴル帝国が治めた領土（全世界面積の約1／5）は20世紀初頭のイギリス帝国（植民地・海外領土の合計で全世界面積の約1／4）に次ぐ広さであり、広範な地域とそこに住む人々が否応なしにアジア文明に接している。

モンゴル帝国はまた、外国との交易を盛んに行うことによって大きな財を成している。ベネツィアの商人、マルコ・ポーロは13世紀後半に中央アジアから中国に旅をして、元の大都（現在の北京）を訪れている。大都の繁栄の様子は『東方見聞録』に記され、日本、インドを含むアジアの様子とともに西欧社会に紹介されている。しかしながら、モンゴル帝国の栄華は長く続かない。陸上交通路の未整備な時代に、陸上交通によって巨大帝国の統治とサプライチェーンを維持することには大きな無理があった。

次なるグローバリゼーションは、15世紀半ばから17世紀半ばにかけてのスペイン、ポルトガルをはじめとした西欧列強による大航海時代と、それに続くイギリスの海洋進出によって起こる。イギリスは海洋国家となってアジアやアフリカで植民地経営を行い、それによる資本の蓄積に

よって産業革命を起こし、その後200年の間世界の覇権国として君臨している。また、サプライチェーン運営の要となった海運力は、蒸気船などの発明と強い海軍が商船団の航行の安全を守ることによって確保されている。

現在の経済社会に繋がる動きがヨーロッパで始まったのが、15世紀半ばにオスマン朝トルコが東ローマ帝国（ビザンツ帝国）を倒して地中海に進出し、沿岸諸国と盛んに交易を行うようになった頃からである。ただし、大きな動きは地中海沿岸諸国からではなく、イベリア半島から起こる。すなわち、地中海貿易の繁栄はヨーロッパ全土にまでは及ばず、イベリア半島にあるスペイン、ポルトガルには地中海交易の恩恵が限定的にしか及ばなかった。そのために、両国は西アフリカへの進出を目指した。大航海時代の幕開けである。その後、南北アメリカ大陸、アジアにも進出し、スペイン・ハプスブルグ家（スペイン帝国）の領土は18世紀末には無敵艦隊を擁してオランダや南イタリアの一部、中・南米の広範な地域とフィリピンにまで広がり、「太陽の沈まぬ国」と形容された。

しかしながら、スペインの世界覇権も長続きしない。スペインは、イギリスやフランスに先んじて人口が多く豊かな地域に進出したにもかかわらず、原住民を殺害し、膨大な量の貴金属を溶かして本国に持ち帰るだけの略奪型経済であり、土地は得たものの、労働要素を消去し、資本が循環する仕組みを構築しようとはしなかった。そのため、略奪した金銀を使い切ると急速に財政事情が悪化し、八十年戦争（1568－1648年）に敗れてオランダの独立を許している。また、宗教対立と王位継承問題からイギリス侵攻を図ったが、無敵艦隊はアマルダの海戦（1588年）でイギリスに大敗し、その後スペインは衰退してゆく。

スペインに次いで世界の覇権を握ったのがオランダである。オランダは、ヨーロッパの西岸に位置する低地地帯にある小国であり、独立国家となる前はスペインの藩属国であった。オランダは、スペインの支配か

らの独立を求め、隣国の大国であるフランスやイギリスに保護を求めるも、当時の最強国スペインとの対立を避けたい両国から庇護を受けることが適わなかった。ところが、強国間のパワーゲームに翻弄される中で八十年戦争の末に突然のように独立国家となり、弱小国は間もなく世界の覇権を握る。

　小国で人口が少なく満足な陸軍を持たないオランダが経済的強国となって独立できた背景には、当時のヨーロッパ列強の対立と混乱のみならず、大西洋に面しバルト海に近いという立地の良さがある。折しも、大航海時代の到来によって海外輸出の需要が増大し、再版農奴制によって穀物の増産を果たした東ヨーロッパより運ばれた穀物を輸出するのに最適の場所がオランダであった。列強国に囲まれたオランダは、陸地伝いに勢力を拡大することは不可能であったが、立地の幸運によって海上交易の拠点となって海洋国として発展することができた。

　また、1492年にそれまで宗教に寛容であったスペインが「ユダヤ人追放令」を出して不寛容主義に移行し、ライバル国との戦争に次々に敗れて国力を衰退させたのに対して、多くのユダヤ人が逃れたオランダでは商工業が盛んになる。さらに、ユダヤ人の金融技術とネットワークによって世界初の本格的金融市場がアムステルダムに成立する。

　豊富な資金を得たオランダは海洋進出を行い、強力な海軍を擁してポルトガルの香料貿易を奪い取る。さらに、海外進出と植民地経営のために世界初の株式会社であるオランダ東インド会社を創設（1602年）し、イギリスに先んじてアジアとの交易と植民地経営を独占的に行っている。オランダはアジアの東の端に位置する日本にも到達し、1600年に商船リーフデ号が豊後国臼杵（大分県臼杵市）に漂着して以来、幕末までの鎖国政策下においてヨーロッパ諸国では唯一長崎貿易を続けている。しかしながら、オランダが経済強国として君臨し続けるためには一つの重要な要素が十分ではなかった。すなわち、海洋国となって海外進出を図っ

て土地を手に入れ、金融市場の成立によって資本を供給する仕組みも手に入れたが、植民地との交易を永続的に維持するための人口(労働)を手に入れることができなかった。

そのオランダを17世紀後半の三次にわたる戦争の末に破り、さらにライバル国のフランス、スペイン、オーストリアとの一連の戦争に勝利して世界覇権を握ったのがイギリスである。スペイン、ポルトガル、オランダへと経済覇権が移る中でも大きな存在感を示していたのがフランスであり、次なる覇権を握るのはフランスであったはずであったが歴史はそうならなかった。

イギリスとフランスは他のライバル国への対応上の理由で一時的に同盟を組むこともあったが、基本的には長らく対立関係にあり、国力の比較ではフランスが優位な立場にあった。その関係を逆転した象徴的な戦争が「七年戦争」(1754-1763年、主な戦闘は1756-1763年)である。七年戦争では、イギリス・プロイセン連合がフランス、オーストリア、ロシア、スペイン、スウェーデンを相手に回した戦争で勝利してイギリスのヨーロッパにおける優位性が確立され、逆にフランスと神聖ローマ帝国におけるオーストリアの力が低下した。

2. イギリスの海洋進出と植民地経営

(1) 陸上国フランスと海洋国イギリスの戦略

ヨーロッパでは長らくローマ帝国が覇権を握ってきたが、395年に東西のローマ帝国に分裂し、それ以降は次第に衰退する。長く存続した東ローマ帝国も1453年にオスマン帝国に滅ぼされ、ヨーロッパにはいくつかの新たな勢力が登場する。イスラム勢力に対抗しキリスト教の守護者として5世紀後半に登場したのがメロビング朝フランク王国であり、そのフランク王国は、カロリング朝、カペー朝、ブェロワ朝を経て1589

年にブルボン朝に移行する。

その間に、フランク王国の国王のカール大帝が800年に古代西ローマ帝国を復興した神聖ローマ帝国[1]の皇帝となり、大帝の死後843年のヴェルダン条約によってフランク王国は西フランク王国、東フランク王国、イタリア王国に分割され、現在のフランス、ドイツ（ドイツ、オーストリア、チェコ、北部イタリア）、イタリアの礎が形成されている。

国力が拮抗した隣国同士は蜜月と対抗を繰り返し、フランスとドイツはその後何度も戦争している。イギリスは英仏海峡によってヨーロッパ大陸と隔てられているため、旧フランク王国内の分裂・対立には深く巻き込まれていない。ところが、ノルマン人の進出に手を焼いたフランスが北部の土地を封じるとノルマンディー公国が設立され、ノルマンディー公が現在に繋がるイギリスの王位に就いたことがその後の長い両国間の対抗の原因の一つとなってゆく。

しかしながら、両国の対立、あるいは国家戦略の違いは、宗教や王室の血統以上に国土と立地条件に大きく左右されていると考えられる。すなわち、両国の戦略の違いは、国土の立地条件、自然条件及び人口の差がより大きな要因であり、それに宗教、他民族への寛容度、王室の血縁関係、各国の思惑がその時々の状況において複雑に絡み合ったものであるといえよう。

17世紀から19世紀前半にかけて英仏両国が覇権を争った時代の両国の環境を比較すると、次のような違いが際立っている。

- フランスの国土は広く気候が温暖であり、農業生産は自国民の需要を上回るのに対して、イギリスの国土は狭く寒冷であり、農業の生産性は低かった。

---

[1] 神聖ローマ帝国の成立については、962年のオットー1世の戴冠によるとする説もある。

第Ⅰ部

- 17世〜18世紀のフランスの人口は2,100万人（18世紀初頭）であり、ヨーロッパで最大。一方、同時期のイギリスの人口は520万人であり、国力、人口ともにフランスとは歴然とした差があった[2]。
- 領土の拡大について、フランスは陸上の拡大と海洋への拡大の選択肢があるが、イギリスは海洋拡大のみ。
- フランスは強大な陸軍と海軍を有する。イギリスの陸軍は相対的に小規模であるが、海軍力整備に傾注した結果、フランスに見劣りしない海軍を持つ。——後にフランスは海軍を縮小し、一方イギリスは増強を図り、両国の海軍力には歴然とした差が生じる。
- イギリスは島国であることに加え、都市間の陸路が悪路であり、輸送・移動には海運が利用された。
- イギリス海軍は統一的行動が容易であったが、フランス海軍は大西洋艦隊と地中海艦隊に分断されており、合同するには一方がイベリア半島の南端にあるジブラルタル海峡（スペイン、後にイギリスが制海権を有する）を越えなければならなかった。

　このような環境や国土、立地条件の違いから、イギリスは領土拡大と繁栄のためには海洋力を強化し、植民地経営や交易によってサプライチェーンを構築して国力増強を図るしかなかった。また、島国であるイギリスは国土防衛を沿岸防衛に絞ることができたので、港湾の整備、海軍力の強化に目標を絞って取り組むことができた。
　一方、フランスは自らも大国であるが、隣国の大国スペイン、ドイツ、イタリアなどと国境を接し、それらの国々との陸路による交易が商業上重要であるとともに、国防上も強力な陸軍を持つ必要性が高かった。す

2　フランスの人口：Population totale par sexe et âge au 1 er janvier 2017, France métropolitaine － Bilan démographique 2016－ Insee
　　イギリスの人口：Wrigley and Schofield, The Population History of England, 1541-1871

なわち、当時のフランスにとっての最優先問題は陸続きのライバル国に対する優位性を確立することであり、イギリス攻略は二の次の問題であった。

実際に、フランスはナポレオンの時代まで大陸拡張計画を重視し、強力な陸軍を擁してイギリスを除くヨーロッパの大部分を支配下に置き、さらにロシアまで攻め込んでいる。ただし、ロシア遠征では「冬将軍」によって大きな犠牲を出し、巨大な富を浪費している。一方、イギリスは国力と人口に勝るフランスを相手に1798年のナイル海戦で勝利し、さらに、1805年のスペインのトラファルガー沖で行われた海戦では、ジブラルタルを抑えていたイギリス軍がフランス軍とそれに従ったスペイン軍を撃破し、ナポレオン・ボナパルトのイギリス上陸計画が潰えている。

(2) 海軍の役割

海洋進出を行い、植民地の獲得と経営、外国との交易によって利益を上げるためには大きな商船団を持ち、その安全航行を確保する必要がある。数世紀前の海上交通は現在とは比較にならないほど危険が多く、商船団を海賊や外国の軍隊の攻撃から守るためには武装した軍艦によって行う必要があった。19世紀のアメリカ合衆国海軍の戦略家であるアルフレッド・マハンは、海軍の目的を「自国の商船団を海賊や他国からの攻撃から守ること」[3] としているが、海軍の役割は外国との戦争に勝利する以前に、自国の商船団の安全を支援することによってサプライチェーンの寸断を起こさないようにすることである。

また、本国と遠く離れた植民地や地域と頻繁に往来するためには、目的地のほかに寄港地を設けて商船や軍艦の食料・水・燃料（蒸気船以降）の補給、修理を行うための施設・設備を置く必要がある。政情不安

3　アルフレッド・マハン〔訳：北村謙一、解説：戸高一成〕『マハン海上権力史論』（原書房、2008年）

な状況においては、海軍がそれらの施設を防衛する役割を担う。さらに、要所には軍隊を常駐させて政情不安を抑え、有事の際には自国及び友好国の人命と財産を守らなければならない。

　前述の七年戦争では海外の植民地でも戦争が行われ、イギリスはフランスの支援を受けていたムガル帝国（インド）との戦争に勝利してベンガル地域への進出を果たし、さらに、フランスやスペインが支配していた地域を奪って領土を大きく拡大している。その結果、イギリスの領土は、北米、エジプトから南アフリカにかけての東アフリカの大部分とナイジェリア、ガーナなどの西アフリカ、インド、オーストラリアなど全世界の陸地面積の1／4にも及ぶ広範な地域に拡大している。さらに、圧倒的な海軍力によって大西洋、インド洋、太平洋の広い海域「七つの海」に制海権を確立した。

　制海権を有する海面面積では地球の7割近くを支配し、「太陽の沈まぬ国」と形容されたスペインを遥かに凌駕する巨大帝国を構築している。そして、本国と広大な植民地の間の海上交通によるサプライチェーンはイギリス海軍によって守られている。

　なお、マハンの海軍に関する考えは日本にも大きな影響を与えている。東郷平八郎連合艦隊司令長官の下で日露海戦の作戦を立案・実行した秋山真之参謀は、マハンより直接訓等を受けており、日本海軍及び日本の海洋国家建設にも大きな影響を及ぼしている。

(3)　植民地経営とサプライチェーン

　イギリスやフランスに先んじて人口が多く豊かな中南米地域に進出したスペインの繁栄が長く続かなかった理由として、原住民を殺害し、膨大な量の貴金属を溶かして本国に持ち帰るだけの略奪型経済であったことを述べた。一方、イギリスはスペインに遅れて海外進出を開始したため、当初確保できた地域は人口が少なく財宝もなかった北米であった。

しかしながら、短い期間に支配地域の経済発展を達成してゆく。また、その過程でスペインやポルトガル、さらにフランスなどから数度の戦争を経て支配地域を奪っている。

イギリスの成功は植民地経営戦略によるところが大きく、本国と複数の植民地の間で相互のサプライチェーンを構築した循環経済を確立したことにある。三角貿易は、二国間の貿易の場合に貿易収支に不均衡が生じて長続きしないリスクを軽減するために考えられた貿易形態であり、代表的な取引として次の三つの取引が行われている。

① ヨーロッパ（ポルトガル、イギリス、フランスなど）・西アフリカ・西インド諸島

期間：17世紀〜18世紀

経路	積荷
ヨーロッパから西アフリカ	武器（銃）、ラム酒、キャラコ
西アフリカから西インド諸島	黒い積荷（奴隷）[*1]
西アフリカからヨーロッパ	金、象牙
西インド諸島からヨーロッパ	白い積荷（砂糖、綿花）

② イギリス・北米（イギリス領13州）・西インド諸島

期間：17世紀後半〜18世紀後半（アメリカ合衆国独立以前）

経路	積荷
イギリスから北米・西インド諸島	工業製品
北米から西インド諸島	農産物、塩鱈などの食料
西インド諸島からイギリス・北米	砂糖、糖蜜

③ イギリス・インド・清国

期間：18世紀後半〜19世紀前半

経路	積荷
イギリスからインド[*2]	綿織物

第Ⅰ部

インドから清国	銀、後に阿片*3
清国からイギリス	茶、陶磁器、絹
インドからイギリス*2	綿花

〈注釈〉
* *1：19世紀にアメリカ合衆国南部で黒人奴隷需要が高まるが、供給元は西インド諸島及び中南米に送り込まれた奴隷が圧倒的であり、アフリカからの直接的な奴隷輸入は限定的であった。
* *2：インドは当初綿織物の輸出国であったが、イギリスの産業革命によって安価な機械製綿織物が大量生産されるようになると、インドは綿花を輸出し綿織物を輸入するようになる。
* *3：清国は銀本位制を敷いており、大量の阿片の輸入代金の支払いによって貿易収支が急速に悪化し、銀保有量が激減して重大な財政・経済問題を引き起こす。阿片の輸入禁止と取り締まり強化によってイギリスとの関係が悪化し、阿片戦争（1840-1842年）に発展するが、イギリスの圧倒的な海軍力の前に多額の賠償金支払いと香港の割譲を余儀なくされる。

　蒸気船が本格的に商船や軍艦に用いられるようになったのは19世紀に入ってからであり、それ以前の航海は帆船による。帆船の航海は海流や風向きの影響を大きく受けるため、航路はそれらを考慮して決定される。①の「ヨーロッパ・西アフリカ・西インド諸島」間の三角貿易では、ヨーロッパから西アフリカへはカナリア海流に乗り、西アフリカから西インド諸島へは南赤道海流に乗り、西インド諸島からヨーロッパへはメキシコ湾流と北大西洋海流に乗ることができる。常に積荷を載せて海流に乗って航海することによって航海の経済性を向上させ、かつ速力と安定性を確保することができる。

　三角貿易はいずれも破綻する。「ヨーロッパ・西アフリカ・西インド諸島」の貿易は奴隷貿易の禁止によって、「イギリス・北米（イギリス領13州）・西インド諸島」の貿易はアメリカ合衆国の独立によって、「イギリス・インド・清国」の貿易は阿片戦争及び阿片貿易の終焉によって、それらに代わる輸出品や地域が見つからずに自然消滅している。しかし、それぞれ1世紀から2世紀の長期間にわたる三角貿易によってイギリス

に巨額の富が流れ込み、産業革命を推し進めるために資本が蓄積される。産業革命がなぜイギリスで起こったのかを説明する重要な理由の一つが三角貿易による資本の蓄積である。

なお、多くのアメリカ人やイギリス人が愛唱する「アメージンググレース」はイギリス人の牧師ジョン・ニュートン（John Newton）の作詞とされる。同曲は、彼がリバプールの奴隷商人として奴隷貿易に携わったことの後悔と、罪深いニュートンを許した神に対する畏敬の念を表した詞とされる。ビートルズの町リバプールはかつて奴隷貿易の拠点であり、奴隷貿易によって莫大な富を得ていた。

そして、その富は隣町のマンチェスターの綿織物工場の建設に投資され、インドから輸入した綿花を隣町のマンチェスターに運んでそこで綿織物を生産し、再びリバプールから綿織物として輸出している[4]。また、リバプールとマンチェスターの間の輸送は、ジョージ・スチーブンソンによって1830年に開業した鉄道が利用され、蒸気機関車が使われている。

(4) イギリス王国からイギリス帝国（大英帝国）へ

イギリスは、植民地と海外領土の拡大によって「イギリス王国（英語表記：United Kingdom）」から「イギリス帝国（英語表記：British Empire）」と呼ばれるようになる。また、イギリス政府も本国と植民地を合わせた全領域をさす場合に「イギリス帝国」の呼称を用いている。

世界史において、「帝国」と呼ばれる国はイギリス帝国のほかに、紀元前6世紀〜紀元前4世紀にかけてのペルシャ帝国、ローマ共和国から紀元前27年に帝政に移行したローマ帝国及び分裂後の東ローマ帝国と神聖ローマ帝国、13世紀末〜20世紀初頭のオスマン（トルコ）帝国、後にイギリス領となったインドのムガル帝国（1526-1858年）、1721年から

4　ジャン・メイエール〔国領苑子訳〕『奴隷と奴隷商人』（創元社、1992年）

第1部

1917年の2月革命までのロシア帝国などがある。また、日本は1889年に大日本帝国憲法を発布し、1947年の日本国憲法施行まで「大日本帝国」を国号の一つとして用いている。

　帝国という言葉は帝国主義を連想させる。帝国主義は、領土の拡張、天然資源の獲得などの目的のために、軍事力によって他の国家や民族を侵略し、自国の文化、宗教、経済制度を強要する思想・政策・戦略を指す。言い換えれば、軍事力の行使による自国を中心としたサプライチェーンの構築戦略であり、この点においてイギリス帝国とローマ帝国などの歴史上の帝国は同様であり、ほかにも、中国の歴代王朝、スペイン王国、ポルトガル、オランダ、ナポレオンの時代を含むフランスも同様である。日清戦争から第二次世界大戦までの日本、第一次世界大戦敗戦から第二次世界大戦にかけてのナチスドイツも同様な政策をとっている。

　イギリス帝国という呼び方が使われ始めたのは、イギリスがアイルランドの再占領と植民地化を行い、北アメリカ大陸に入植して北米及びカリブ海植民地との貿易を始めた16世紀中期であるとされる。そして、イギリスの諸外国に対する優位性を決定的にしたのは、17世紀以降に東インド会社によってインドをはじめとしたアジア諸国への進出を図り、さらに、ヨーロッパの勢力図を大きく書き換える七年戦争（1754－1763年）に勝利したときである。

　七年戦争は、第一次世界大戦の160年前に起こった世界史上最初の世界戦争である。七年戦争は、ハプスブルグ家がオーストリア継承戦争で失ったシュレージエンをプロシアから奪回しようとしたことがきっかけとなり、ヨーロッパ列強をイギリスを中心とするグループとフランスを中心とするグループに二分し、英仏両国の植民地を巻き込んで世界戦争となった。

　この戦争の詳細は歴史書に譲るとして、結果は、イギリス・プロイセン連合がフランス、オーストリア、ロシア、スペイン、スウェーデンを

相手に回した戦争に勝利し、イギリスのヨーロッパにおける優位性が確立された。反対に、フランスと神聖ローマ帝国におけるオーストリアの力が低下している。なお、フランスの敗戦はフランス革命の遠因となり、さらに、フランスの脅威が北アメリカからなくなった後にイギリスがアメリカに課した税金がアメリカの独立を呼び込む原因となった。イギリスのアメリカ植民地への課税は、防衛のために掛かった費用を回収するためであったが、本国人との間の差別的扱いに不満を募らせていたアメリカ入植者の強い反発を招いてしまった。

　話しをイギリスの話しに戻そう。イギリスにとっての七年戦争の結果の重要性は、単にヨーロッパ列強の中で優位性が確立されただけではなく、フランス、スペインなどの植民地に対しても大規模な行動を大胆に行うことが可能になったことである。その結果、フランスがインドから手を引き、ライバル国の植民地が次々にイギリスのサプライチェーンに組み込まれてゆく。

　イギリス帝国は18世紀半ばから200年にわたって世界覇権を握ったが、その歴史上の意義の大きさはローマ帝国とも比肩し得る大帝国になったことである。では何が1000年の長きにわたって君臨したローマ帝国と比肩し得るかといえば、それはイギリス帝国が築き上げた全世界に広がるサプライチェーンである。

　1776年のアメリカ合衆国の独立によって北アメリカの13州を失ったことはイギリスにとって痛手であったが、分散しすぎていた力をアジアに振り向ける上ではむしろよかった。すなわち、北アメリカを失ったイギリスは、インドの経営をはじめとしてアジアへの積極的海洋進出と貿易拡大により重きを置くようになる。インドを植民地化した後には東アジアにも進出し、阿片戦争によって香港を獲得して日本を除くアジアのほぼ全域にわたる支配を確立して大きな成果を収めてゆく。また、18世紀末以降はアフリカへの進出を積極的に進める。

中でも、インドの植民地支配はイギリスの繁栄に重要な役割を果たしたが、インド支配を支えたのが海軍力である。イギリスとインドの距離を考えれば、水や食料を補給する寄港地が要所に確保されなければ植民地経営と貿易は成立しない。イギリスは、七年戦争を含む数々の戦争・海戦に勝利してセントヘレナ、喜望峰、モーリシャスを確保し、さらに商船団はイギリス海軍によって航行の安全を守られている。

蒸気船が登場した後は、航行距離の問題から地中海及び紅海の寄港地の必要性が高まり、イギリスはアデン、ソトコラ島を確保し、フランス革命後にフランスが支配していたマルタを1815年の平和条約で譲り受けている。また、1878年の露土戦争後のベルリン会議によってキプロスの統治権を獲得し、既に1713年のユトレヒト条約によって領有していたジブラルタルと併せて大西洋から地中海を経てエジプトに至る航路を確保する。

中でもジブラルタルの領有とジブラルタル海峡の制海権を持ったことは、イギリスの世界覇権の獲得・維持のために重要な意義を持つ。ジブラルタルはイベリア半島の南端に位置し、対岸の北アフリカのモロッコとの間の幅は最も狭いところでは14kmしかない。英仏海峡の幅が最も狭いところで34km、津軽海峡の最も狭いところが18.7kmなので、それらの海峡より狭い海峡が大西洋と地中海を結ぶ唯一の出入り口となっており、軍事戦略上及び経済活動上の重要性は極めて高い。

ジブラルタルを領有することによって、海峡を通るイギリス商船の自由な航行と安全が確保され、イギリス商船は地中海諸国との貿易を行う上で圧倒的優位に立てる。一方、ライバル国のスペインとフランスは、自国の大西洋側と地中海側を往来するときにイギリス海軍の干渉を受けることになり、軍事行動を行う場合には砲火に晒される。1805年の英仏間のトラファルガー海戦ではイギリスが勝利してナポレオンのイギリス本土への侵略計画が頓挫するが、海戦ではジブラルタルがイギリスの要

塞として用いられている。そして、ジブラルタルの重要性はスエズ運河の開通によってさらに高まる。

　ヨーロッパ諸国がインドを含むアジアと貿易を行う場合、あるいはアジアで植民地経営を行う場合、商船はアフリカの南端の喜望峰を回るか、ジブラルタル海峡を越えてエジプトに行き、大西洋から紅海まで陸上で荷物を運んでアジアに向かうしかない。アジアから原材料、食料、香料などを運ぶ場合も同じルートを逆に行くことになる。

　イギリスは喜望峰を押さえているので遠回りのルートについては既に安全を確保しているが、喜望峰ルートは航海日数が長くなり輸送コストも高くなる。イギリスはジブラルタル海峡の制海権を有しエジプトにも進出していたので、エジプトを経由するルートがスピードとコストの両面から有利であると考えられたが、地中海と紅海を結ぶアクセス問題の解消が残っていた。

　イギリスと同様にアジアとの交易に魅力を感じたナポレオン・ボナパルトは、イギリスとインドのサプライチェーンを断ち切り、パワーバランスをフランスに引き戻すためにエジプト遠征（1798-1801年）を行い、スエズ運河建設の検討も行う。しかしながら、最終的に海上戦でホレーショ・ネルソンが率いるイギリス艦隊に破れてフランス主導のスエズ運河計画は潰える。

　では、イギリスがすぐにスエズ運河建設の乗り出すかと思うとそうではなかった。イギリスは当初地中海と紅海の間を鉄道で結ぶ計画を選択し、ロバート・スチーブンソンにカイロを経由して地中海に面したアレクサンドリアとスエズを結ぶ鉄道を建設させている。スエズ運河の建設は、フランスの外交官であり実業家であるフェルディナン・ド・レセップスが中心となってエジプトとの協力の下にスエズ運河会社を設立し、1869年に「東西の結婚」とされるスエズ運河を完成させている。

　ところが、運河が完成するとイギリス船の利用が圧倒的に多く、一方、

エジプトが拡大し続ける対外債務のためにスエズ運河株を売却することになるとイギリスはそれまでの方針を転換し、1875年にスエズ運河株の44％を保有する筆頭株主となる。さらに、イギリスは1882年には暴動を口実にエジプトに軍事介入を行い、1888年以降スエズ運河はイギリスの管轄下の中立地帯となりイギリス軍が駐留する。イギリスの管理は第一次世界大戦、第二次世界大戦を挟み1956年にエジプトのガマール・アブドゥール＝ナセル大統領による国有化宣言まで続けられる。

　それまでの間、イギリスとインドを中心としたアジア諸国との間のサプライチェーンは、イギリスによるジブラルタル海峡の制海権とスエズ運河の支配の下での圧倒的優位性の下に行われ、イギリスに莫大な富をもたらしている。

第2章 イギリスの世界覇権確立と金融、保険

　スペイン・ポルトガルがその場限りの贅沢を目的とした略奪型経済であったのに対して、イギリスは三つの生産要素を循環させて富を増殖させる循環型経済を確立したことがイギリスに長期間にわたる繁栄をもたらしたことを説明した。資本の増殖過程で重要な役割を果たしたのが海運による海外植民地とのサプライチェーンの構築・拡大と産業革命であるが、それらを支えたのがイギリスの金融市場である。

　イギリスのロンドンにある金融市場は、シティーと呼ばれる小さな自治区にある。シティーが金融市場として成立するきっかけは、1215年のマグナカルタによって敵性資産の保護が成文化されたことによる。その歴史を汲むシティーでは、イギリス政府ではなくシティーが独自に定めるルールによって、自由度が高く、柔軟な規制・制度の下で金融取引が行われている。また、市場の特徴として、銀行融資機能のみならず、強い自国通貨を中心に据えて外国為替を行い、大きな証券市場を持ち、海運や貿易との関係が強い世界的保険市場を有するなど、金融のすべてのニーズに対して柔軟かつ大胆な対応が可能であることが挙げられる。

　外国為替は、今日の国際金融市場において不可欠な機能であるが、ロンドン市場はその機能を有していたのみならず、イギリスポンドが国際的商取引の決済通貨として圧倒的な信認を得たことによって金融市場としての基盤を盤石なものにしている。イギリスポンドの国際的な信認は、1816年の貨幣法によってソブリン金貨と呼ばれる金貨を1ポンドとして流通させたことによる。金貨（ソリドゥス金貨）は4世紀の東ローマ帝国で使用されており、金本位制度の発想は古くからあるが、法律で規定・実施されたことは金融の歴史上画期的な出来事であった。その後ヨ

ーロッパ諸国がイギリスに倣って金本位制を導入し、金本位制は第一次世界大戦によって1914年に停止されるまで100年近くの間世界経済と為替の中心となった。そして、多角的決済はポンドの信認の下でロンドンのシティーで行われている。

イギリスが海洋国として広く世界に進出して経済活動の中心になる中で、英語が世界の中心的商業言語として定着した意義も非常に大きい。商業取引の言語を英語にすることによって自国の制度・文化を中心に据えることが容易になり、イギリスの長期にわたる世界覇権に重要な役割を果たしている。アメリカがイギリスに続いて世界の覇権を握る上でも英語を母国語としていたことのメリットは大きく、英語で商取引を行うことができる人材を多く揃えることは今日のグローバル経済の下で競争に勝ち抜いてゆくための最重要要素の一つとなっている。

1688年に起源を持つLloyd'sとロンドンの保険市場は、海上保険によって海洋サプライチェーンを支え、火災保険によって産業革命以降の重工業のへの転換と産業規模の拡大による資本需要の拡大を支援し、都市化によって発生した大量の労働者に生命保険を提供し、経済社会の様々なリスクを引き受けるようになる。また、世界中のリスクを引き受ける経済的仕組みがロンドンに整備されていたことによって、再保険を通して巨額の資金がロンドンに流れ込み、世界中の保険資金の入送金のハブとなることで多額の収入を得る仕組みができ上がった。

イギリスが海洋国となって世界覇権を確立し、産業革命を経て「世界の工場」となってその後の繁栄を謳歌してゆくためには、資本調達、為替、株式の発行、保険などの様々な金融に対するニーズを受け止める金融市場が必要であり、金融市場はまた産業の発展によって成長する好循環が生まれてゆく。本章では、イギリスが世界覇権を確立してゆく上で、広く海外にサプライチェーンを構築・発展させていったこと、及び金融、特に保険が果たした役割に重点を置いて説明を行う。

1. 産業革命と資本

　産業革命以前は技術の更新が緩やかであり、一国あるいは地域経済の需給関係は長らく一定の水準を保ち、食糧生産の伸び及び人口増加のスピードも緩やかであった。産業の発展スピードが緩慢であった背景には、統治体制や支配階級と被支配階級の身分制度をはじめとした社会体制を現状のまま維持しようとする統治者の意向のほか、産業発展のための必要資本が不足していたことがある。しかし、そうした社会に大きな変化が訪れる。

　イギリスは、統治体制と人民の倫理観及び資本に関して産業革命が起こるための条件が最も整っていた国である。18世紀半ばにイギリスで最初に産業革命が起こった理由は以下の六点に集約される。

① 産業革命以前に既に海外に多くの植民地を有しており、三角貿易によって膨大な資本の蓄積があった（14ページ参照）。

② 羊毛生産のために囲い込み運動が起こり、農地を奪われた農民が低賃金労働者となった。

③ 農業革命の影響で資本主義的農場経営や輪作が導入されて穀物の増産に成功し、産業革命による人口増加を支えることができた。

④ ピューリタン革命（1642年）、名誉革命（1688年）などの一連のイギリス革命によって議会制と立憲君主制が確立されて、多元主義が根付いていた。

⑤ 最重要資源である鉄鋼石と石炭がイギリス国内にあった。

⑥ イングランド銀行が1694年に設立され、企業に対する資金融資体制が整備されていたこと、及び安定的で近代的な国債制度・金融制度と金融市場がロンドンのシティーにあった。

しかしながら、六つの要素のうちいくつかは他国も条件を満たしてお

り、国家が目的を持った場合に不足要素を補うことが可能であったかもしれない。実際に、①～③及び⑤の要素は程度の差こそあれ、フランスやドイツなどのヨーロッパ諸国にも存在し、さらに、1763年の七年戦争でフランスがイギリスに敗れるまではフランスの国力はイギリスを大幅に上回っていた。

　政治戦略的には、フランスがヨーロッパ大陸への拡大路線をとったのに対して、イギリスは持てる力を海洋進出に傾注してフランス、スペインを海上で打ち破って重要な海域・要所における制海権を獲得し、世界中にサプライチェーンを確立している。しかしながら、それだけの説明では農業革命によって穀物の増産に成功したとはいえ、豊穣の国で広い国土を持ち、人口も多いフランスに先んじて産業革命を行ったことを説明するには不十分であろう。

　鍵となったのが、④の「ピューリタン革命」及び「名誉革命」によってイギリスに寛容主義と多元主義が導入されたことであり、ユダヤ教徒、ユグノー（フランスのカルヴァン主義者）、スコットランド人がイングランドで活躍の場を与えられた。彼らの活躍は目覚しく、イングランド銀行の創設はスコットランド人によって提案され、ユグノーが理事に名を連ね、ユダヤ教徒のヨーロッパ全土に広く張り巡らされた金融ネットワークをとおしてロンドンに資金を呼び込み、⑥の安定的で近代的な国債制度・金融制度と金融市場がロンドンに整備された。

　また、産業革命の原資は①の海外の植民地経営と三角貿易による膨大な蓄積資本であったが、それが枯渇しなかったことが産業革命を推進する上で重要であった。スペインやポルトガルに倣えば、両国が中南米から持ち込んだ大量の金銀を使い切った途端に財政破綻を起こしたように、イギリスの栄華は一時の打ち上げ花火に終わってしまう。一方、イギリスは、工業製品を輸出するためのサプライチェーンと市場を海外に持ち、投資が大きな利益を生んで新たな投資が行われ、資本が循環しながら大

きくなってゆく仕組みを構築してゆく。

　産業革命は小規模な綿織物の機械化から始まる。産業革命初期の綿織物の発展は、それまで主力であった毛織物で蓄えられた資金と富裕な資本家が何人か集まって資金を提供することで必要資金が賄われている。しかしながら、蒸気機関や自動紡績などの発明が実験的事業から実用段階に移行し、小規模な家族経営から大規模な事業に引き上げられて産業となり、製鉄業を興し、大型蒸気船を建造して植民地との貿易を大きく拡大してゆくと、個人資本を募る手法では必要資本の充足が難しくなってゆく。

　シティーは13世紀に金融市場として成立し、16世紀以降目覚ましい発展を遂げている。1570年の王立取引所（Royal Exchange）の設立、⑥に挙げた1694年のイングランド銀行の設立（政府への貸付など行う商業銀行として設立）、1720年の南海泡沫事件とロンドン証券市場の崩壊、それを契機にした会計監査制度の導入、1734年のイングランド銀行の現在の住所への移転、1773年のロンドン証券取引所の開設などの紆余曲折を経て発展し、米英戦争（1812-1815年）が終わるころまでに世界最大かつ圧倒的な国際金融市場の地位を確立している。また、海上保険の需要の増大や1666年のロンドン大火を経て17世紀末頃には保険事業が発達し、Lloyd'sを中心とした保険市場が形成されてゆく。

(1)　金融に対する倫理観の変化

　古来より倫理上の問題から金貸し行為が疎んじられ、キリスト教は旧約聖書で利息を取る金貸しを禁じ、7世紀に誕生したイスラム教はコーランですべての高利貸しを禁じている。実際に、紀元前の共和制ローマ時代には利息を取る金貸しは禁止されており、帝政ローマ時代にも利息には規制が設けられていた。16世紀末に書かれたシェイクスピアの『ヴェニスの商人』に登場するユダヤ人で高利貸しのシャイロック

(shylock) が金貸しの担保に人肉を切り取る話は、金融事業に対する当時の世相を今に伝えている。

　ところが、イギリスに起死回生の機会が訪れる。ユダヤ人の受け入れである。キリスト教及びイスラム教はともにユダヤ教から派生した宗教であり、ユダヤ教も高利貸しを禁じている。ただし、禁じていたのはユダヤ人に対する高利貸しであり、ユダヤ人以外に対しては有利子の金貸しが認められていた。オランダはスペインからの独立戦争を戦う中で、スペインから逃れてきたユダヤ人を受け入れて17世紀初めにアムステルダムに国際金融市場が創設される。イギリスはさらに、宗教改革と多元主義によってユダヤ人と金融業を認め、ロンドンはアムステルダムを大きく上回る国際的市場に発展し、産業革命とその後の発展を支えてゆくことになる（金融市場の発展については後述する）。一方、フランスやスペインはユダヤ人と金融業を排除しており、イギリスとの決定的な違いとなる。

　すなわち、イギリスで産業革命が起こり、フランスをはじめとしたヨーロッパのライバルを大きく上回る経済発展を遂げた最も重要な理由が、金融事業を生業とするユダヤ人を受け入れ、ロンドンに国際金融市場を構築して産業革命を支援したことであるといえる。

　イギリスが、世界史の中心に躍り出るきっかけになる一連の出来事は16世紀に起こっている。まず、イングランド国教会がヘンリー8世のキャサリン妃との離婚（婚姻の無効）をめぐってローマ教皇と対立して訣別（1534年、国王至上法の公布）すると、ヨーロッパからプロテスタントが流入する。その結果、プロテスタントとカソリック教徒の血を血で洗う対立、イギリス国教会による反対勢力の弾圧など、激しい宗教対立・抗争が起こる。そして、1642年にピューリタン革命が起こり、王を中心とした絶対君主制から議会を中心とする立憲君主制への移行に連なる一連の変革が起こる。

最大の政治的出来事が1688年に起こった名誉革命であり、その後のイギリスの進路を大きく変えている。そして、翌年の1689年には、イギリス議会が「権利章典」と「信教の自由法」を可決している。宗教間、民族間の対立が完全に解消したわけではないが、イギリスは世界でも例のない寛容国家に転換し、それまで差別対象であったユダヤ教徒、ユグノー、スコットランド人を受け入れ、フランスとの対比で大きく見劣りした人口（労働要素）を補完する。

　オランダはイギリスに先んじて海洋進出を行って覇権を握ったが、それを維持できなかったのは、人口が少なすぎたために海外領土の維持が難しく、さらに、フランスやかつての宗主国であるスペイン、ドイツなどの強国からの干渉と軍事的圧力に抗しきれなかったためである。イギリスは島国であるために海岸線の防衛を強化すれば大規模な陸軍を持つ必要がなかったものの、ライバル国に対抗して海外領土の拡大・維持を図り、産業を興隆するためにはオランダ同様に人口が少なすぎるという問題があった。

　イギリスの正式名称は"United Kingdom of Great Britain and Northern Ireland"と言い、イングランド、ウェールズ、スコットランド、北アイルランドによる連合王国である。イングランド単体では人口が少なく、フランスをはじめとしたヨーロッパの列強に立ち向かったところで早晩オランダと同じ運命をたどることになる。四つの国が連合することによって、軍事、経済的にフランスに対抗可能な人口を確保し、他民族、他宗教、異なる倫理観に対する障壁を取り除くことによって、イギリスは産業、商業、海軍、金融などのあらゆる面でライバル国と互角に競える労働と資本の要素を持つようになる。

　スコットランド人は大ブリテン王国の労働要素の補完に止まらず、産業革命を主導し、経済を学問の裏付けによって高め、さらに、精神形成にも重要な貢献を果たしている。金融システムの中心となったイングラ

ンド銀行は、スコットランド人のウィリアム・パターソンの構想による。パターソンは、大西洋と太平洋が隣り合わせるパナマに目を付け、スコットランド議会を説得してダリエンと名付けた地域開発に乗り出した人物でもある。スコットランドの資金を投げ打って臨んだパナマ開発は失敗するが、その結果イギリスはスコットランドの政府債務を肩代わりする代わりにスコットランドを併合し、彼らを認め、受け入れた。

　また、蒸気機関を発明したジェームズ・ワット、18世紀のイギリスで最も著名な哲学者であるデヴィッド・ヒューム、経済学の父とされるアダム・スミスは皆スコットランド人である。寛容と多元主義による四カ国の連合と一体化がなければ、200年にもわたるイギリスの世界覇権とイギリス人気質の形成は成し得なかった。

　さらに、前述のとおり、ユダヤ人の受け入れは金融事業の発展に重要な意味を持つ。イギリスでの生活の自由を認められたユダヤ教徒の貢献は、彼らのネットワークを通して豊富な資金を調達したことのみならず、金融事業の発展に必要な高度な金融技術を持ち込んだことにある。さらに、フランスとの長年の戦争によって天井知らずに膨れ上がったイギリスの政府債務の2割を引き受けたのが祖国を追われたのも同然のユグノーの富裕層であった。

　招き入れた三つの連合国、及びユダヤ人、ユグノーによってもたらされた資金と金融技術・システムによってイギリスの資金供給能力が飛躍的に拡大する。また、蒸気機関、鉄道、造船などの新たな事業には、スコットランド人をはじめとした新しいイギリス人が大きな貢献をしている。産業の中心が急速に重工業に移行するとともに、生産規模が拡大し、設備投資や新たな開発のために資金需要が急増するが、ロンドンの金融市場はそれにも対応することができた。

（2） 国際金融市場「シティー」の成立

　イギリスが「世界の工場」となり、長きにわたってその地位を保つことができたのは、シティーが「世界の銀行」として整備されたことに深く関係している。

　ヨーロッパ列強がイギリスの後を追うように海洋進出を行って植民地経営を行い、さらにイギリスの産業革命に倣って次々に産業革命を行って経済が発展すると、国家間の経済競争に新たな重要な要素が加わる。工場規模の拡大、製鉄業の発展、蒸気機関の様々な用途への応用によって産業の中心が重工業に移行すると、次に価格と性能の向上競争を勝ち抜くために大きな資本を集約・分配する機能を持つ近代的な金融市場が必要になる。

　産業革命以前の国家間競争は、戦争、あるいは戦闘員の数や兵器の質・量などの武力を背景にした威圧が中心であったが、産業革命以降は財政と経済力の重要性が高まってゆく。すなわち、経済の重要性の増大によって、経済・財政力がストレートに国家間競争の優劣を大きく作用するようになってゆく。同時に、産業の発展に必要な資金は、金融市場からの融資と投資によって調達される方式が確立され、金融市場と投資家が産業発展リスクを負う資本主義が確立されていった。

　工業の発展のためには大きな資本を広く集める必要があることが認識されると、ヨーロッパ全体で金融に対する宗教的、あるいは倫理的考えが大きく変化してゆき、金融業と金融市場が広く市民権を得てゆく。また、金貸しや投資が金融事業として成立してゆくためには、適切なリスク評価と正当な対価の支払い、コスト管理が必要になる。利子や配当は、融資及び投資リスクに対する正当な対価と考えられるようになってゆく。

　ヨーロッパにはロンドンに金融市場が創設される以前からいくつかの金融市場がある。13世紀から15世紀にかけて、イタリアのベネツィア、ジェノブア、ローマ、フランスのシャンパーニュ、リヨン、ブザンソン、

パリ、アビニヨンなどの諸都市の定期市で外国為替が行われ、16世紀から17世紀にはオランダのアントウェルペン（アントワープ）、ついでアムステルダムで外国為替市場が形成されている。また、1602年にはアムステルダムに世界で最初の証券取引所が設立されている。

17世紀末にはロンドンはアムステルダムに並ぶ金融市場として発展し、その後も発展を続けた結果、19世紀初頭までにロンドンは他の市場を遥かに凌ぐ国際金融市場に発展している。国際金融市場の要件として以下の要素が挙げられるが、それらはロンドンが他の金融市場を大きく引き離していった強みでもある。

① 金融業が宗教及び倫理上の制約から解放され、産業として認知されること。
② 自国の強固な経済・財務基盤を背景に通貨が信認され、あるいは金への交換が可能であり、国際決済通貨・準備通貨として広く使用されること。また、中央銀行が自国通貨の預金勘定を持ち、市場への資金供給機能を持っていること。
③ 輸出産業と消費市場を有し、海運が発達して貿易が盛んであること。また、通信、情報インフラが整備されていること。
④ 長期と短期の両方の金融市場があること。
⑤ 外国通貨との交換、外国送金、金利裁定などが可能な外国為替市場があること。
⑥ 国際金融取引、外国為替について規制が柔軟であること。
⑦ 市場の自由度が高く、証券市場、保険市場などが発達できる環境があること。

①の金融業の認知については、ユダヤ人の受け入れなどでロンドンが他の市場より先進的であったことを説明した。ロンドン市場はまた、②自国の経済・財務基盤を背景にした自国通貨の信認、③海運や通信・情報インフラについても、イギリスは最強の海洋国であり他国の市場を圧

第2章　イギリスの世界覇権確立と金融、保険

倒しており、さらに、④の長期・短期の市場、及び⑤の外国為替機能の発達も、その後ロンドン市場を国際金融市場として盤石にした重要な要素となっている。

　イギリスポンドの信認について、1816年の貨幣法によってソブリン金貨と呼ばれる金貨を1ポンドとして流通させたことを説明したが、その後ヨーロッパ諸国がイギリスに倣って金本位制を導入し、金本位制は第一次世界大戦によって1914年に停止されるまで100年近くの間世界経済と為替の中心となる。その間、多角的決済はイギリスポンドの高い信認の下でロンドンのシティーで行われ、金、商品、長短期資本についても国際的中心市場となっている。

　また、シティーがマグナカルタをきっかけに金融市場として成立した背景から、ロンドンは金融事業を行う自由度が高く、⑥の柔軟な規制・制度が保たれている。自由度の高さは、⑦の証券市場及び保険市場が発展する重要な環境でもあった。1600年に設立されたイギリス東インド会社は合本会社として設立され、1657年にはオリバー・クロムウェルによる会社組織の改編によって利潤のみを株主に配当する方式が導入される。株式市場は投資ブームに乗って順調に発展するが、大きな問題も起こる。1720年に起こった南海泡沫（バブル）事件では、植民地開発や海外貿易に対する投機ブームによって急騰した株価が一気に暴落し、バブル経済が崩壊して金融市場全体を混乱させている。

　なお、南海泡沫事件は「バブル」経済という言葉の語源とされ、当時王立造幣局長をしていた物理学者のアイザック・ニュートンが大きな損失を出したことや、議院内閣制の基礎を築いたロバート・ウォルポールがその処理に当たったことでも知られるが、ロンドンの金融市場の発展を考える場合、この事件によって主な損失を被ったのがフランスであるということが重要である。ロンドン証券市場は、この頃既にイギリス国外からも資本投下される国際的市場になっていたということである。ま

た、ロンドン市場から海外への投資も広く行われるようになり、18世紀後半から本格化するアメリカの西部開発と大陸横断鉄道、運河建設などに多額の資金が必要となったときには、アメリカ国債を大きく買い支えている（第3章参照）。

今日に至るLloyd'sを中心とした保険市場の発展もロンドンの金融市場発展に重要な役割を果たしており、ロンドンの国際的保険市場はその後発展するニューヨークや東京などの金融市場との比較においても特徴的である。Lloyd'sは、海洋国となったイギリスの船舶の往来や産業革命以降の産業規模の拡大と様々な技術開発・導入に伴うリスクを引き受け、「産業への投下資本に対する保険」の機能を果たしている。また、再保険事業を通してロンドンを中心とした保険のサプライチェーンが構築されている。

2. Lloyd'sと保険市場の発展

近代的保険はLloyd'sとロンドンの保険会社によって幕開けしている。イギリスの海外に広がるサプライチェーンを支えるために、船舶及び航海技術をはじめとした海運技術の発達、海軍の支援による航路の安全と寄港地の確保、船舶の建造及び港湾施設の整備に多額の資本が必要になる。同時に、投下資本の増大に伴い、事故や悪天候によって船舶、乗組員の生命、積荷などが失われた場合の経済損失を補う近代的海上保険が必要になる。

投下資本に保険を付けることの必要性は海上保険にとどまらない。産業革命以降の工場の大規模化、鉄道の敷設、重工業への転換と産業規模の拡大に伴う投資、新しい技術の開発・導入を支えるための火災保険をはじめとした様々な目的に即した保険が必要となる。また、ロンドンをはじめとした主要産業都市がイギリス国中から多数の労働者を集めて

都市化してゆく中で、労働者が災害や病気で働けなくなった場合の補償として生命保険が発達する。さらに、保険会社の資本力不足を補うために再保険が必要になる。

(1) 近代的保険制度の成立

ロンドンが世界で最初の本格的な保険市場になったことは、イギリスが海洋国家となったことに深く関係している。水上輸送は陸上輸送に比べてはるかに大量の物資を低コストで運搬することが可能であり、かつ、天候条件の影響を受け難いという大きなメリットがあり、水運の有利性に着目したイギリスが世界の覇権を取る。すなわち、道路整備と維持管理費用には高額の費用と労働力を要し、大雨や洪水で流されたり、降雪で長期間通行が遮断されたりする。大きな河川や海峡に掛ける橋の建設や山岳地帯を通るためのトンネル建設にはさらに高額の費用が掛かり、砂漠地帯を通ることは今日でも容易ではない。これに対して、水運は荒天の日を避けるだけで、安定して大量の物資を低コストで運ぶことができ、所要時間も短い。

イギリスは、海洋航路を開発して北米・カリブ海諸国を植民地化してプランテーション経営を行い、東インド会社を設立してジャワ島、マレー半島、シンガポール、インド、セイロン（現在のスリランカ）などのアジア諸国を植民地として香料や綿花をイギリスに運び、阿片戦争に勝利して清王朝から香港を獲得し、さらに、アフリカ大陸、オセアニアにも進出する。

水運は長距離・大容量の輸送では陸上輸送より経済性に優れているものの、初期投資コストとしては大きな資金が必要になる。すなわち、大型船の建造には多額の資金が必要になり、大型船舶が係留できる港、荷揚げ・荷卸しができる埠頭建設にも多額の費用が掛かる。寄港地の確保と整備も必要になる。また、航海中に嵐や海賊に襲われて積荷を失うこ

と、船が損傷・沈没すること、あるいは災害によって埠頭が損傷することもある。さらに、船員の命が奪われればその家族の生活に重大な問題が生じる。そうした場合の経済損害は馬車を失うのとは比較にならないほど大きくなる。投資額の増大に伴い災害や事故による損害が投資家にとって甘受できない金額になると、自然に保険のニーズが高まってゆく。

船舶や積荷に対する海上保険の起源は古代オリエント文明に遡り、中世に盛んに行われた地中海貿易では海上保険の原型とされる冒険貸借契約が行われ、14世紀頃には海上保険として体裁を整えている。イギリスは、海洋国家として成長してゆく過程で近代的海上保険を必要とし、17世紀末にLloyd's保険市場が世界最初の本格的保険市場として成立する。

火災保険の必要性が社会全体で初めて認識されたのが1666年のロンドン大火である。大火によってロンドン市内のほぼ全域が丸焼けになり、火災予防や消防の必要性とともに火災保険が必要とされ、1681年にはロンドンで世界初の火災保険が発行されている。火災保険が現在の形になるまでには少し時間を要するが、産業革命を通して経済・産業規模が拡大すると火災保険をはじめとした様々な保険需要が高まってゆく（後述する）。

Lloyd'sが保険市場として成立したのは次のような事情による。すなわち、ロンドンが金融市場として成長過程にあった17世紀後半には、イギリス沿岸部及びロンドンを流れるテムズ川の水路と埠頭の整備が進み、テムズ川沿いで海事情報が飛び交い、様々な商取引が行われるようになる。丁度その頃、エドワード・ロイドが経営するコーヒー店に多くの貿易商や船員が出入りしており、1688年には顧客に海事情報が提供されるようになる。そこに、保険を引き受けるアンダーライターが出入りするようになってLloyd's保険市場が誕生する。Lloyd'sが保険市場として成立する以前に既に多くの保険会社が存在していたが、南海泡沫事件の余波によって保険会社は勅許を受けた2社に制限される。一方、個人の

保険引受業者の市場であったLloyd'sには制限は設けられず、競争相手が一時的に排除されてLloyd'sが飛躍するきっかけとなる。さらに、1871年にロイズ法が制定されて保険組合となり、高い自由裁量権を持つ経営基盤が整備される。

Lloyd'sという自由度の高い保険取引市場を持ったことによって、イギリスには海難事故、工場や建物の火災や災害による損害を経済的に補填する近代的保険制度が整備され、産業への投下資本に保険が付けられる仕組みが構築される。また、Lloyd's及び保険会社によって構成されたロンドンの保険市場は、損害保険、生命保険、再保険の三つの保険機能を備えたことによって、保険産業は金融の重要な一部に発展する。

（2）　損害保険

現在の海上保険の原型は、紀元前300年頃に地中海商人の間で始められた冒険貸借とされる。冒険貸借は、船舶と積荷を担保とする金銭消費貸借で、無事に帰港できれば元本に利息を付けて返済し、海難事故に遭って船舶や積荷が失われれば債務を免かれるという契約である。

地中海交易においては金銭貸借とリスク負担の二つの機能を併せ持つ冒険貸借が盛んに行われているが、冒険貸借の利息は1航海当たり元本の1／4〜1／3と高利であったとされる。ところが、金銭消費貸借によって高利を得る行為はキリスト教旧約聖書の「兄弟には利子をとって貸してはならない」[5]とする教義に反するとして、ローマ法王グレゴリウス9世は「徴利禁止令」を発布（1230年）する。これによって、冒険貸借は二つの機能のうち、リスク負担のみを事業とすることとなり、北部イタリア（フィレンツェ、ジェノブァ、ブェネツィアなどの諸都市）では金銭貸借を伴わない海上保険が行われるようになる。北部イタリアで生ま

5　『旧約聖書』申命記23・20

れた海上保険は14世紀中頃までに体裁を整え、その後スペインのバルセロナに伝わり、世界最古の海上保険法とされる「バルセロナ海上保険条例（1435年）」が制定される。

　近代的保険市場が成立する要件として、保険の対象となる船舶と積荷、航路、日程などの正しい情報によって保険料率が数理的に算出されることが必要になる。イギリスが海洋国として発展し、海上交易の中心地になってゆく中で、Lloyd'sには合理的な保険料率及びその他の条件の設定に必要な情報が持ち込まれる。その意味において、海上保険が近代的保険制度として本格的に発達・普及するのは、17世紀後半にLloyd'sで海上保険の引受けを開始したことによる。また、船舶の大型化・高速化、港や埠頭建設などの事業はイギリス及びイギリス資本が命運を掛けた事業であり、多額の資本を合理的に循環させ、イギリスのサプライチェーンを安定的に運営するためには、数理的裏付けを持った近代的保険がどうしても必要であった。

　近代的保険制度の発展を促すこととなったもう一つの大きな出来事が、ロンドン大火である。1666年9月1日にパン屋のかまどから出火した火事は4日間にわたって燃え続け、ロンドン市内の家屋の85％（約1万3200戸）が消失している[6]。当時のロンドンの家屋は大部分が木造で、かつ家屋が密集していたことが大火の原因となったため、翌1667年に制定された「再建法」では木造家屋の再建が禁止され、煉瓦もしくは石造りにすることが定められた。道路幅も拡幅されている。

　火災保険はLloyd'sではなく保険会社によって導入されている。最初の火災保険会社（ニコラス・バーボンによる"The Fire Office"）は、1681年頃に相互会社として設立されている。保険会社は、保険加入者の住宅

---

[6] ローマ大火（64年）、明暦の大火（1657年）と並んで世界の三大大火とされる。ロンドンの観光スポットの一つであるロンドン大火の「モニュメント」は、火元となった地点に立てられており大火の状況が記されている。また、「モニュメント」は地下鉄の駅の名前にもなっている。

に標識（ファイアーマーク）を取り付け、火災が発生した場合には保険会社が消防隊を派遣してファイアーマークがある家のみを可動式ポンプ車（fire engine）を使って消火活動を行った。また、ロンドン市が火災保険会社の経営に乗り出したこともある。ただし、初期の火災保険会社は火災発生の統計的根拠によらず火災保険料率を職人芸のように取り決め、将来の保険金支払いに備える準備金を設けなかったことから経営が長続きせず、次の発展の機会を産業革命まで待つことになる。

産業革命の進展によって繊維産業は家内工業から発展し、工場を建設して機械を取り付け、数百名単位の労働者を雇い入れるようになってゆく。製鉄業では、火力が木材に代わって石炭から作ったコークスによって高温が得られるようになり、品質と生産効率、生産規模が飛躍的に向上している。また、ワットが改良した蒸気機関によって蒸気船が実用化され、蒸気機関車の発明とロンドンと近郊都市の間に鉄道が敷かれたことによって交通革命が起こっている。重工業が芽生え、産業の中心が紡績や織物生産から重工業に移行するに連れて工場や設備の規模が拡大して投下資本も高額になると、資本を喪失した場合のダメージの大きさから工場には火災保険が手当てされるようになる。巨費を投じて整備された鉄道網にも保険が付けられ、知らず知らずのうちにリスクマネジメントが行われるようになってゆく。

ロンドンは1861年に再び大火（Tooley Street Fire）に襲われる。その後火災保険料が大幅に引き上げられ、新規火災保険業者の参入が相次いで消防のあり方が問題となり、1865年に消防が火災保険から切り離されて行政機関が行うことが法制化（Metropolitan Fire Brigade Act）されている。以降、火災保険会社は資本を火災から守るための経済的機能として火災リスクを引き受ける保険事業に特化する。

また、産業の中心が次第に重工業に移行してゆく中で、造船技術が発達して船舶の大型化・高速化が急速に進み、建物や機械、倉庫の保管物

などが大規模化・複雑化してゆく。保険対象についても高額化が進み、それに対応するために保険技術の向上と資本規模の大幅な拡大を求められるようになる。それに伴って、保険会社の経営形態はギルドに起源を持つ相互会社から資金調達の容易な株式会社に移行し、Lloyd'sはネームと呼ばれる無限責任を負う多数の個人のスポンサーによって対応力を拡大してゆく。

(3) 生命保険

　海上保険が14世紀に北部イタリアで成立したことを述べたが、生命保険の起源もここにある。すなわち、海上保険の対象に船長、船員、乗客、積荷の奴隷を含めるように拡大していったことが生命保険の始まりとされる。

　中世ヨーロッパの諸都市では、同業者が集まって「ギルド（職業別組合）」を形成し、会員が病気や怪我で働けなくなった場合や死亡した場合に相互扶助を行っており、これが現代の生命保険の原型とされる（異説あり）。また、17世紀末にはイギリスのセントポール寺院の牧師が、仲間の牧師が亡くなったときに遺族に渡す香典を積み立てる「香典前払い組合」を組織している。ほかにも、ロンドンでは同じ頃に「アミカブル・ソサエティー」という組織が作られ、孤児や未亡人の生活保障のために会員が一律の金額を拠出し、集まったお金をその年に亡くなった人の数で割って配分する仕組みが作られているが、いずれも会員の負担額に不公平感があり仕組みは継続されなかった。

　生命保険が近代的保険制度として成立するのは、人間の寿命を統計化した「生命表」の登場による。生命表は、ハレー彗星の軌道計算で有名なエドモンド・ハレーが1693年にブレスラウ市（ドイツ、現ポーランド）における出生及び死亡の詳細なデータに基づいて人間の死亡率を推定したものがベースになっており、ハレーの研究によって年齢ごとの死

亡率が明らかになった。

　生命表によって、それぞれの個人の年齢によって異なる死亡率から保険料に合理的に差を設けることが可能になり、1762年に近代的生命保険を営む世界初の生命保険会社（Equitable：The Equitable Life Assurance Society）がロンドンに設立さている。当時の生命保険は、死亡率に応じて保険料を徴収する場合、年齢が上がるにつれて保険料が上がるため保険商品としては魅力が乏しかったが、Equitableは保険料を契約期間（終身）で均等にする平準保険料方式を導入することによって生命保険の普及を促している。現代の生命保険においても最も重要な原則である「生命表に基づく科学的保険料の算出」「保険期間中変化しない平準保険料」「終身保険」はここに完成された。

　また、平準保険料方式を導入することによって生命保険会社には大きな財務力が備わることになる。すなわち、保険料支払いを平準化することによって契約期間の前半は後期分の保険料を前払いで徴収することになり、生命保険会社は前払い徴収分を責任準備金として積む。生命保険会社が多額の運用資金を有し、機関投資家として金融市場で大きな影響力を持つようになる背景がここにある。

　生命保険の発展にも産業革命が関係している。産業革命が進んだ19世紀半ばには都市生活者や給与生活者が急増し、一家の稼ぎ手が死亡した場合の家族の生活や葬儀費用に対する保障が深刻な社会問題となっていった。労働者階級向けには少額な保険料負担による簡便な保険が求められ、そこで登場したのが簡易保険である。1848年に中産階級をターゲットにしたThe Prudential Mutual Investment and Loan Association[7]が設立され、少額の保険料による少額の保険金設定、無審査とし、戸別訪問する代理店を採用して月払い・週払いができる簡易保険を販売した。

7　1875年にアメリカで創業し、生命保険事業を展開するPrudential Financial Inc.とは無縁

これにより生命保険は庶民の保険となってゆく。

(4) 再保険

保険会社の保険引受けリスクについて、資本力の超過分に対して第三者から再び保険を購入する再保険契約が登場したのは、14世紀に地中海貿易で海上保険が登場した時期とほぼ同じであるとされるが、近代的再保険は海上保険と同様に Lloyd's において発展する。

また、Lloyd's 市場が形成された後の発展は再保険に依るところが大きい。すなわち、海上保険は Lloyd's が単独で扱っていたわけではなく、火災保険についても前述のとおり多くの保険会社が引き受けている。保険会社の資本は必ずしもすべての保険需要に応えられる規模ではなく、資本の許容範囲（キャパシティー）を超える部分に対して再保険が必要になる。

Lloyd's は、多くの保険引受シンジケートが無限責任を負う富裕な個人をスポンサーにするネーム制度を導入しており、巨額の資本力を有する保険市場であるとともに再保険市場でもある。また、Lloyd's の事業運営の観点からも、イギリス国内外の様々な保険ニーズのすべてに対して Lloyd's が保険証券を発行し、保険料の徴収から保険金の支払いまでのすべての業務をロンドンから行うことは現実的ではなく、保険会社のキャパシティーを超える部分を再保険によって引き受けることが合理的である（1992年以降、有限責任の法人ネームの募集が行われている）。

一方、再保険事業は高額のリスクを引き受けることから、広くヨーロッパ各国（後に世界中）から様々な再保険を引き受けて事業規模の拡大と保険引受リスクの平準化を図る必要がある。すなわち、再保険は国際化を前提にした事業であり、かつ「最後の引受人」である再保険会社（本書では Lloyd's を含める）は、大きな資本に支えられた巨大で堅固な財務基盤を持つ組織でなければならない。なお、再保険の本質について

詳しく知りたい読者は脚注の拙著を参照していただきたい[8]。

　国際化を前提とした事業である点において、背後に「世界の工場」を持ち、海運が発達して世界の貿易の中心となり、さらに「世界の銀行」として世界の金融の中心となったロンドンに再保険の一大市場が成立したことは必然であったといえる。また、フランスやドイツなどのヨーロッパ各国においてもイギリスに倣って産業革命が起こり、保険需要が高まってゆく。ヨーロッパ大陸の保険需要の高まりは、再保険を通してLloyd'sの発展を後押しした面もある。

　再保険はヨーロッパにおいても発展する。ロイズ法が施行される25年前の1846年には世界で最初の再保険専門会社のCologne Re（現在のGeneral Reinsurance AG）がドイツで生まれ、その後多くの再保険会社が生まれている。しかしながら、ヨーロッパ、さらにはアメリカの再保険会社がLloyd'sに対抗し得る規模になるのは第二次世界大戦後の話である。

　ロンドンが国際金融市場として発展した重要な理由の一つがLloyd'sによる巨大再保険市場の成立であると述べたが、その理由は再保険事業の規模の大きさのみならず再保険事業から派生する様々な利益を享受できることである。すなわち、世界の再保険のサプライチェーンのハブとなり世界中から保険料を入金し保険金を支払う活発な資金移動の中心地となったことである。多額の資金移動によってロンドンの銀行には多額の手数料が入り、イギリスポンドを決済通貨とした外国為替が行われる。また、保険料の入金から保険金の支払いまでの期間は莫大な資金を投資運用することができる。

　さらに、Lloyd'sが海事情報を持ち込まれる場所であったことを述べたが、再保険の引受け及び保険金の支払いを通して世界各国の動向、地

8　石井隆『最後のリスク引受人　知られざる再保険』（保険毎日新聞社、2011年）

政学の状態、経済状況、出来事、情報などを一早く正確に知ることができる。国際的情報インフラがロンドンで発達し、イギリスは経済面でも政治面でもどの国より一手先を読むことができる。かつて最速の情報伝達手段は伝書鳩であり、ナポレオン戦争のワーテルローの戦い（1815年）では、イギリスを中心とした連合軍がフランス軍に勝利した結果を伝書鳩によっていち早く知ったネイサン・ロスチャイルドがイギリスの公債市場で巨利を得ている。情報伝達手段はITに代わったが、核心的情報の価値は高さについては改めて説明するまでもないであろう。

イアン・フレミングのスパイ小説で映画化されて大ヒットした『007シリーズ』は、イギリスの情報収集力が軍事・経済における優位性を確立する上で重要な役割を果たしてきたことを背景に描かれた物語である。今日においても、保険情報から様々な社会や経済環境の変化やターゲットとする国や企業の戦略や財務基盤に関する様々な情報を得ることができる。

なお、かつての覇権国であるイギリスは一度経済破綻している。1960年代から1970年代のイギリスは経済の不振、労使紛争、過度な社会保障制度の導入などによって財政赤字と累積国債残高が増大し、1976年に財政破綻してIMFから融資を受けている。公務員給与の削減をはじめとした財政支出の削減と1979年に首相に就いたマーガレット・サッチャーの金融ビッグバンをはじめとした荒療治でようやく回復基調に戻るが、様々な産業が「イギリス病」を患って世界経済の中で地盤沈下を起こしていた。そのような中でも、Lloyd'sの再保険事業は世界中の保険資金の入送金のハブ市場であり続け、イギリスをギリギリのところで支えた重要な金融機能の一つとなっている。

保険はイギリスの海運によるサプライチェーンと産業発展をリスク面から支えてきたが、一方では、イギリス経済が窮地に陥った時のライフラインの役割も果たしている。金融危機や経済危機は、銀行業や証券業

の業績に直接的に連動するが、保険業の場合は必ずしもそうではない。勿論、保険会社は資本及び保険料収入と保険金支払いの時間的ずれ（フロート）を利用した財務運用を行うので、金融危機や経済危機から無縁ではいられない。しかしながら、保険事業そのものは、偶然の事故・災害を前提とした事業であり、経済全体にとっての「保険」となり得る産業である。また、再保険市場を持つことによって一国の経済事情に左右される要素が軽減され、地理的なリスク分散機能が加わる。イギリスの保険市場はそうした非常に大きなメリットをイギリス経済に提供してきている。

第Ⅰ部

第3章 アメリカ合衆国の経済発展とサプライチェーン

　現在の覇権国であるアメリカ合衆国は、イギリスの13州の植民地が本国の植民地政策に抵抗し、1776年7月4日に独立宣言を行い、独立戦争（1775－1783年）を経て独立を果たしている。アメリカ合衆国の地理的特徴は、フランス同様に、否、遥かに上回る楽土であり、しかもその国土（アラスカを含む）はフランスの約15倍もある。三大生産要素のうち「土地」は最初から備わっていたといってよい。

　広大な国土の開発は容易ではなく、移動と物資の輸送には水運が多く利用されている。アメリカの東側は太平洋、フロリダ半島を回ればメキシコ湾があり、西側は太平洋に面し、沿岸海運を利用することができた。また、ミシシッピ川はミネソタ州のイタスカ湖からアメリカ大陸を南北に3,779km（本流）の距離を高低差450mでゆっくり流れてメキシコ湾に注ぎ、多くの支流がアメリカの中央部に広がっている。本流及び大きな支流では大型船が航行でき、内陸の多くの都市を結んでいる。さらに、五大湖と東海岸はシャンプラン運河（1823年完成）、エリー運河（1825年完成）などの大規模な運河によって結ばれ、アメリカの発展に大きな役割を果たしてゆく。

　新大陸といわれるように、開拓は1492年のクリストファー・コロンブスが西インド諸島に到達以降に始まる。新大陸へは、最初にスペイン、ポルトガルが金の獲得を目指して中南米、北米大陸南部に進出し、イギリス、フランス、オランダ、スウェーデンなどが後を追って北米を中心に進出している。北アメリカの開拓の主導権を握ったのがイギリスであった。

　ヨーロッパ人のアメリカ入植開始から間もない17世紀から18世紀にか

けての旧大陸の戦争がアメリカ大陸に波及し、イギリスとフランスは北アメリカで本国の代理戦争を始める。スペイン継承戦争（1701－1714年）も北アメリカに波及し、当時のイギリスの統治者であったアン女王に因んでアン女王戦争（1702－1713年）としてイギリスとフランス・スペインが戦争している。結果はイギリスが勝利し、1713年のユトレヒト条約によってカナダ東部のニューファンドランド島とハドソン湾地域を獲得している。

また、七年戦争の2年前の1754年から1763年にかけて行われたイギリスとフランスの間の植民地戦争（フレンチ・インディアン戦争）でもイギリスが勝利し、フランスはイギリスにカナダのケベックとミシシッピ川以東アパラチア山脈までのルイジアナを割譲している（1763年、パリ条約）。さらにイギリスは、スペインにマニラとハバナを返還する代わりにフロリダを獲得している。しかしながら、イギリスによる北アメリカの支配は長く続かない。

イギリスは1763年までに北アメリカを支配下に治めるが、フランスとの戦争のための膨大な出費がイギリス財政上の大きな負担となる。費用回収のためにアメリカの植民地に重税を課すと強い反発を招き、アメリカ合衆国の独立への動きが一気に強まる。世界の最強国イギリスからの独立戦争には、フランスをはじめとしたイギリスのライバル国との対立関係を巧みに利用してイギリスの海軍力を封じ込め、陸上戦で勝利する。さらに、1803年にフランスからルイジアナを購入して広大な土地とミシシッピ川の水運を獲得する。——前述のパリ条約によってニューオリンズ及びミシシッピ川以西はスペインに割譲されていたが、ナポレオンがスペインを支配したことによってフランスに支配権が戻り、それをアメリカに売却している。

それでもイギリス帝国はアメリカの目の上の大きなたんこぶであった。イギリスは、トラファルガー海戦においてフランスに勝利するとフラン

スに対して海上封鎖を行い、独立戦争を通して友好的関係にあったアメリカも海上封鎖の対象となる。そして、イギリスによるアメリカの船舶に対する臨検が米英戦争（1812－1815年）の一因となる。

　米英戦争は痛み分けとなったが、イギリスがアメリカの支配を続けることはできないことが明らかになり、アメリカ合衆国は主権国家として世界から認知されるようになる。また、この戦争を通してアメリカ合衆国国民の一体感が醸成され、第5代大統領ジェームズ・モンローは、1823年の議会演説で「ヨーロッパ諸国の紛争への不干渉」と「南北アメリカに対するヨーロッパ諸国の干渉を認めない」とする演説を行い、以降長らくアメリカ合衆国の外交の基本方針となる（後述する）。

　その結果、アメリカ合衆国はイギリス帝国の支配から完全に独立し、ヨーロッパ列強の干渉を受けることなく国を挙げて北アメリカ大陸の開拓・開発に励み、イギリスの経済システムから切り離された国内サプライチェーンを構築し、大国への成長プロセスに移行する。

1. フロンティアによる自国領土拡大

　経済発展の根幹は、市場の拡大による経済規模の拡大と効率的なサプライチェーンの確保による高い経済性の実現である。北アメリカは地球規模の経済を数分の一に縮小したような地域であり、成長のための全ての要素を備えている。東部地域からアメリカ中部にかけては農業生産に最適な気候と広大な耕作可能地域が広がり、木材、鉱物資源、石炭・石油などのエネルギー資源も豊富である。しかしながら、広大な北アメリカ大陸を東海岸から中部、西部に向けて国土を切り開いてゆくことは容易ではなく、フロンティアはアメリカの一大国家プロジェクトであった。

　生産要素の残る二つのうちの一つの「労働」は、ヨーロッパからの入植者によって充足され、これに奴隷解放された人々やアジアなどからの

移民が加わってゆく。アメリカはフロンティアの時代に原住民であるネイティブ・インディアンを排除したが、イギリス及びヨーロッパ諸国からの移民の増加、奴隷解放によって人口が増加する。また、アメリカはピルグリム・ファーザーズをはじめとしたイギリスのプロテスタントが中心となって建国され、歴代大統領は第35代大統領のジョン・F・ケネディーを除いて全員がプロテスタントであるように、宗教的中心は今日までプロテスタントであり、旧大陸のような激しい宗教対立はない。さらに、アメリカ人には全員が一体となって立ち向かわなければならない重要な目的があった。当時の世界最強国で宗主国のイギリスからの独立と経済的自立のために、独立戦争と米英戦争を戦い抜くことであった。そして、連邦政府と州政府の対立を解消してゆく中で国民の一体感が醸成されてゆく。

　生産要素の最後の一つの「資本」は、イギリスを中心としたヨーロッパ諸国から持ち込まれており、生産要素の三つが揃っている。しかしながら、当初の資本は潤沢であったわけではなく、統一的政策の下で運用してゆくことが重要になる。南北戦争（1861－1865年）は経済政策の統一性が確立される上で重要な出来事となっている。アメリカが経済発展段階に移行した頃の重要な産業は、北部では重工業、南部では綿花生産であり、北部が国内産業の保護・育成のために保護貿易を主張したのに対して、南部は綿花のヨーロッパへの輸出を前提とした自由貿易と関税撤廃を主張していた。

　また、労働事情も大きく異なり、重工業が発展した北部では労働者が不足し、黒人奴隷を解放して労働者にしたのに対して、南部のプランテーション農業では奴隷制度の維持を求め、南北戦争においても重要な対立点となっている。戦争当初は南軍が有利に展開するが、次第に北部の鉄道輸送力が威力を発揮し、北軍による海上封鎖が決定打となって形勢が北軍有利に転ずる。そして、1863年のエイブラハム・リンカーン大統

第Ⅰ部

領の奴隷解放宣言を経て1865年に北軍の勝利で終結する。内戦による犠牲と経済の疲弊は大きかったものの、アメリカを分裂の危機から救い連邦政府の統治が確立した意義は大きく、以降、アメリカ合衆国の産業振興と西部開拓は統一的政策の下で推し進められる。

　広大なアメリカ合衆国のフロンティアと諸都市の発展は交通インフラの発達による。大陸横断鉄道、ミシシッピ川の水運、五大湖と東海岸を結ぶ運河、パナマ運河、自動車道路網は、国内都市間のサプライチェーンを支え、アメリカ合衆国を世界の覇権国に導いてゆく。第二次世界大戦後は、都市間を結ぶ航空路線が発達して人的移動を促進する。以下、アメリカ合衆国が大国になってゆく過程で重要な役割を担った大陸横断鉄道、ミシシッピ川の水運及び五大湖とニューヨークを結ぶ運河、パナマ運河について、国内サプライチェーンの構築において果たした役割の視点から説明する。

（1）　大陸横断鉄道

　アメリカは、フランスからルイジアナを購入して広大な領土とミシシッピ川の水運を手に入れ、南北戦争を挟んで西部開発が本格化する。アメリカのフロンティアの問題は、太平洋側に行くのにミシシッピ川の水運が部分的にしか使えず、船で行くためには南アメリカの南端に近いマゼラン海峡を回らなければならなかったことである。陸路で行く場合は広大な平原を横切り、巨大なロッキー山脈を超えなければならず、馬車での移動には半年掛かったとされる。また、ロッキー山脈は越えるには3,000m近い高さまで上る必要があり、途中ネイティブ・アメリカンの土地を通るために襲撃される危険があり、馬車輸送のための陸路の開発は現実的ではなかった。

　北アメリカ大陸の東西の移動と輸送問題を一気に解決したのが蒸気機関車の発明・発展である。蒸気機関車が現実的な交通・輸送手段として

使用できる段階に達すると、1830年代から鉄道建設への投資が盛んになって鉄道狂乱時代を迎え、1850年代までにミシシッピ川より東側の鉄道路線網ができ上がっている。前述のとおり鉄道輸送は南北戦争においても重要な役割を果たしており、その有効性からリンカーン大統領は南北戦争中も東西を結ぶ大量輸送機関として大陸横断鉄道の建設を進めている。

　しかしながら、大陸横断鉄道となるとその距離の長さとロッキー山脈を越える難工事であり、巨額の資金が必要になる。必要資金は、工事を請け負う会社がボストンなどの大都市の投資家から資金を集めるものの容易に進まず、調達金額を大きくするために実際の工事費との差額を役員が山分けする方式も用いられている。当初苦戦した資金調達は、南北戦争の終結によって資金供給が増えて問題解決する。また、1869年に最初の大陸横断鉄道が開通すると西部開発が勢いづき、その後複数の横断鉄道が敷設されて西部開拓が加速されている。

　大陸横断鉄道の完成によって、鉄道沿線と西海岸に新たな都市が開発され、新たな鉄道路線建設と都市開発のために重工業の発達が促される。また、東部と西部の間の物流が活発になり、農産物を安価に輸送することが可能になると中西部において大規模農法による穀物の大量生産が本格化する。さらに、東部と西部の経済が一体化したことによる相乗効果で、アメリカの経済規模と様々な産業のサプライチェーンの拡大が進む。

　鉄道と次に挙げる水運との競合は大きな問題とはならず、鉄道以上に大量輸送が可能で輸送費が安い水運と、水運が利用できない場所やスピードが求められる場合には鉄道が組み合わされている。後に発達する自動車（トラック）輸送を加えて水運、鉄道、トラック輸送が相互に利点を生かしながらアメリカ合衆国のサプライチェーンの発達を支えてゆく。

(2) ミシシッピ川及び五大湖と大西洋を結ぶ運河

　海上輸送と河川及び運河を利用した水上輸送はアメリカへの神からの贈り物である。前述のとおりミシシッピ川の特徴は3,779km（本流）の距離を高低差450mでゆっくり流れることであり、船舶の運航に理想的であり、また、船舶の航行可能な支流がアメリカの中西部を広く網羅している。世界中の中緯度帯のどの地域にもこれほど広域をカバーする水上交通網はない。

　ヨーロッパ大陸にはライン川、ドナウ川の水運があるが船舶の航行可能な大きな支流は少ない。中国の揚子江、エジプトのナイル川は共に世界四大文明の発祥地となり水運が発達しているが、支流の広がりという点ではミシシッピ川に遠く及ばない。アマゾン川、コンゴ川は流域面積でミシシッピ川を上回るが、多くの人間が生活することが難しい気候帯を流れている。

　水運の発達と流域の開発は蒸気船の発達と深く関連しており、蒸気船のパワーが強くなるとそれまで実質的に上流から下流への一方通行だった河川が両方向への輸送が可能になり、アメリカの中・西部への入植と開発が一気に進む。また、シャンプラン運河（1823年完成）、エリー運河（1825年完成）によって五大湖と大西洋が結ばれ物資や人を中西部に送り込み、中西部の農産物が輸送された。さらに鉄道輸送を組み合わせることによってシカゴ、デトロイト、ミネアポリスなどの五大湖周辺都市の産業が発展し、ニューヨークをはじめとした大西洋沿岸の大都市へ大量の物資を安価でスピーディーに輸送することが可能になった。

　大西洋に面した東海岸の南北間の輸送、メキシコ湾の都市間は沿岸海運によって結ばれ、これに内陸の河川及び運河による水運の開発によって、広大なアメリカ大陸の東部と中部、メキシコ湾に面した南部の地域が一体化した経済圏となり、農産物、綿花、鉱物資源、エネルギー資源、工業製品などを低コストで輸送することが可能になる。さらに、フロン

第3章　アメリカ合衆国の経済発展とサプライチェーン

〈図表1　アメリカ合衆国の水運〉

出典：パブリックドメイン

ティアによって太平洋に面した西海岸が開発されると、西海岸の南北の輸送にも海運が利用される。

〈図表1〉はアメリカ合衆国の水運を示した地図であるが、ミネアポリス、シカゴ、ピッツバーグ、セントルイスなどの内陸部の都市が内陸水運によって東海岸やメキシコ湾に結ばれている。

(3)　パナマ運河

アメリカの東海岸の諸都市を結ぶ輸送や西部開拓は鉄道によって大きく進められ、内陸の都市は河川及び運河の水運によって開発されたが、東海岸と西海岸の間で大量の貨物を輸送する場合の経済性は海運が有利である。アメリカの東西間の物流には、大陸横断鉄道のほかに船舶で南アメリカ大陸南端のマゼラン海峡を回る方法があるが、日数が掛かり経済性が悪い。イギリスがインドの植民地経営と貿易のためにスエズ運河

を利用したように、幅80kmのパナマ地峡に運河を建設できれば状況が大幅に改善される。

パナマ地峡はスペインがメキシコ以西を支配していた16世紀に既に発見されていたが、実際に工事が開始されたのは1880年にスエズ運河を建設したフランス人技師レセップスによる。建設は当初フランスの主導でパナマ運河会社を設立して開始されたが経営難に陥り、それに目を付けたアメリカ合衆国が運河の建設権と永久租借権を取得して工事を引き継いでいる（1999年、船籍・軍民を問わず航行できる国際運河であることを確認した上でアメリカからパナマに返還）。

フランスが手を引いた原因が、黄熱病の蔓延と工事の技術的問題に加えて資金調達の問題であったが、アメリカは黄熱病の原因となっていた蚊の駆除を行い、技術的問題に結論を出し、アメリカ資本が資金難を解決して工事の完遂を可能にしている。パナマ運河の完成によってアメリカの西部開発が加速し、さらに、西部がアメリカ経済に追加・一体化されたことによってアメリカ経済の相乗的拡大とサプライチェーンの拡充に大きな役割を果たしている。

パナマ運河の開通はアメリカの安全保障にも重要な役割を果たしている。19世紀までではアメリカ合衆国の防衛線は、イギリス、フランス、スペイン、オランダなどのヨーロッパの列強が大西洋及びメキシコ湾から攻撃を仕掛けてくることを想定していたが、20世紀に入ると日本の軍事的勢力拡大によって状況が大きく変化する。

アメリカは、太平洋側にもハワイ、グアム、フィリピンなどの領土を持ち、それらの権益を守るために海軍力を配備していたが、日本と戦争する場合には東側に配備した海軍力を太平洋側に回すなど、大西洋・メキシコ湾と太平洋の間を船舶で頻繁に往復する必要が生じる。パナマ運河の開通によってマゼラン海峡を迂回するのに比較して数十日間短縮され、アメリカ海軍の運用力は大幅に改善されている。

パナマ運河はさらに、アメリカの東西の物流及び海軍の展開の日数短縮と燃料の節約のみならず、第一次世界大戦参戦によってグローバルな経済展開に舵を切ったアメリカのアジア・太平洋諸国との貿易及びサプライチェーンの構築にも非常に重要な役割を果たすことになる。

2. アメリカ合衆国国内におけるサプライチェーンの完成

　アメリカ合衆国は第一次世界大戦を終える頃にはイギリス帝国と並ぶ世界の覇権国となる。他方イギリスは、第二次世界大戦を経てインドをはじめとした植民地が相次いで独立し、スエズ運河の支配を失い、「イギリス帝国」から「イギリス」に戻る。イギリスの国力低下の象徴的な出来事となったのが、1948年にイスラエルの委任統治を諦めパレスチナ問題を国際連合の勧告に委ねたことであろう。そして、アメリカが世界唯一の覇権国となる。

　アメリカの経済発展は、海洋国となってグローバルなサプライチェーンを構築したイギリスとは異なり、自国の本土領土の開発と鉄道、水運、自動車道路網の整備によって優れた交通インフラを整備して国内サプライチェーンを確立したことによる。

　また、イギリスの版図がフランスやスペインなどのライバル国との激しい争いに末に勝ち取った領土であり、常に海外領土の反乱と外国からの挑戦に備えなければならなかったのに対して、アメリカの発展は基本的には自国領土の開発であり、各州間の競争を超えて国家としての一体性を維持し、統一的な政策の下に労働と資本を発展的に運用することが唯一最大の課題であった。

(1) モンロー主義

　アメリカが諸外国との関わりを積極的に持つようになったのは、第一

第Ⅰ部

次世界大戦（1914-1918年）に参戦して以降であり、それまでは孤立主義によって国内経済の発展に努めている。すなわち、第5代アメリカ大統領のジェームズ・モンローが1823年に議会での年次教書演説で、「ヨーロッパ諸国の紛争への不干渉」と「南北アメリカに対するヨーロッパ諸国の干渉を認めない」という方針を柱とした提唱（モンロー主義）[9] を行い、以降、第一次世界大戦の参戦までアメリカの外交方針の柱となり、孤立主義がアメリカ経済発展に大きな役割を果たす。

　モンロー主義の提唱は、アメリカ合衆国による南北アメリカ大陸における支配権を宣言した縄張り宣言であり、1833年にイギリスがアルゼンチンからフォークランド諸島の支配権を奪ったときには不干渉を決め込んだが、それ以降ヨーロッパ列強国の南北アメリカ大陸への目立った干渉は起こっていない。一方、アメリカは汎アメリカ主義によって米墨戦争（1846-1848年）、米西戦争（1898年）をはじめとした戦争を仕掛けて中南米及びカリブ海諸国の支配を確立してゆく。また、ヨーロッパ列強との利害対立が少ない太平洋側には抜け目なく領土拡大を行い、1898年にハワイを併合し、米比戦争（1899-1902年）によってフィリピンへの支配力を強めている。アメリカは、第一次世界大戦終了までの1世紀近くの間ヨーロッパの戦争には参加せずに出費を抑え、ひたすら領土拡大と国内経済の育成に努めて資本を蓄積し、国力増強に努めた。

　長期間の孤立主義は通常経済的衰退を招くが、アメリカは例外であった。豊かなアメリカの大地は国民を飢えさせたことがなく、水運や鉄道網の発達によって物流網が整備されると中西部の農業が発達して穀物生産が大幅に伸び、ヨーロッパに穀物を輸出する農業輸出国になる。豊かな森林によって船舶を建造するための木材は容易に得られ、重工業の発

9　アメリカ合衆国第5代大統領ジェームズ・モンローが1823年に議会で行った7番目の年次教書演説で発表。1898年の米西戦争、ハワイ併合によってモンロー主義は放棄されたと解釈されるが、その後も第一次世界大戦参戦まで外交の中心的考え方であった。

展に必要な鉄や石炭の大規模な採掘が可能であり、後に最重要エネルギーとなる石油はペンシルバニアやテキサスをはじめとした南部地域で自噴する。また、労働力はヨーロッパからの移民、黒人奴隷の流入、出稼ぎ及び移住した中国人労働者などによって賄われた。

さらに、イギリスで多くのことを学んでいる入植者は、全般的に企業家精神が旺盛で、豊かな資源や持ち込まれた資本を浪費するのではなく、それを利用して経済発展を達成する素養と意欲の双方を兼ね備えていた。

(2) 第二次産業革命

モンロー主義とほぼ同じ期間に起こった経済上の大きな変革として第二次産業革命がある。1865－1900年頃の期間を指し、この期間に産業革命で発明された様々な技術が大きく発達し、電話や自動車など今日の文明社会でも広く用いられている技術や利器が登場している。

鉄道路線は営業キロ数を大幅に伸長し、機関車は牽引重量とスピードを格段に向上させ、冷凍運搬車が登場して肉製品の長距離輸送が可能になる。トーマス・エジソンは1870年代以降電話機、蓄音機、電球、発電機、映写機など数々の電気製品を世に送り出し、それらの普及のためにJPモルガン、メロン財閥などの資金提供を受けて電力事業を推進し、社会生活を一変させている。大通りでは馬車に代わって自動車が往来し、1908年にはフォードがT型自動車の大量生産を開始する。なお、電話についてはグラハム・ベルが発明し特許権を得ているが、エジソンはベルとは異なる方式によって開発・実用化している。

注目すべきは、第一次世界大戦の開戦前に既にイノベーションの中心地がイギリスからアメリカに移っていたということである。背景には、アメリカがフロンティアの推進や産業の振興のために新しい技術や利器の導入に積極的であったことがあるが、必要資本についてもロンドン市場からの資本に加えて、JPモルガン、メロン財閥などのアメリカ資本、

自由銀行法（後述する）の施行による活発な銀行システムの導入によって調達されている。

　また、アメリカは国内産業の保護・育成に努めた一方で、輸出の拡大に積極的であり、企業の海外進出にあたっていち早く多国籍企業形態を取り入れている。シンガーは1851年に操業開始したアメリカのミシンメーカーであるが、イギリスにおける高い需要を見込んでスコットランドのグラスゴーに工場進出を果たしている。また、フォードに続いて自動車の大量生産に移行したGMは、用途と消費者の嗜好に合わせて車種やデザインを増やしつつ大量生産を行う方式に移行し、1900年代前半に相次いでヨーロッパ、南米、アジアなどに生産拠点を設立し、海外自動車メーカーの買収によって規模の拡大と資本効率を高めるための戦略をとっている。

(3)　エネルギー資源のサプライチェーン

　アメリカは、第一次世界大戦の参戦によってモンロー主義を放棄し、海外への政治的・軍事的影響力の行使と海外へのサプライチェーンの拡大へと舵を切った。第二次世界大戦が終わる頃には、イギリスが海外の植民地との間で展開したブロック経済が崩壊する一方で、アメリカ企業は貿易の拡大と多国籍企業の設立によってサプライチェーンを海外に拡大する戦略に本格的に乗り出す。同時に、アメリカの軍事力は世界中の国々の中で突出し、世界の警察となって政治的にも強力なリーダーシップを確立する。一時的には社会主義の輸出によってアメリカに対抗しようとしたソビエト連邦がアメリカの覇権にチャレンジしたが、東西冷戦終結後は唯一かつ絶対的な覇権国となって世界経済と国際政治に圧倒的な影響力を持つようになる。

　自動車の発展は石油の大量生産を促し、石油の大量消費時代が到来すると、石油の商品価値が大幅に高まる。アメリカは自国で産出する石油

では不足するようになり、海外に供給先を求める。注目された地域が第一次世界大戦で敗戦国となって解体されたオスマントルコの支配地で、アメリカとイギリスの新旧覇権国の巨大資本が中東地域で石油資源の争奪戦を繰り広げる。

　石油産業の発展はジョン・ロックフェラーが創業したスタンダードオイルに負うところが大きい。ケロシンとガソリンの需要増を見込んだスタンダードオイルは、トラストを結成して巨大化を続けてアメリカの石油産業を独占し、天然ガスの生産を手がけ、さらに、ロシアや中東で石油が産出されるようになるとヨーロッパに進出して歴史的巨大企業に成長する。スタンダードオイルは不法に市場を独占しているとして、1911年にアメリカ合衆国最高裁判所の決定によって37の会社に分割されたが、分割されても石油産業に大きな影響力を持ち続ける。スタンダードオイル解体後は、7大石油メジャー（セブンシスターズ）が中東地域、ビルマやジャワなどのアジア地域で新たなサプライチェーンを構築するが、アメリカ系石油会社5社のうち3社、エクソン、モービル、ソーカルはスタンダードオイルを前身とする（アメリカ系の残り2社はガルフ、テキサコ。イギリス系の石油メジャーは、ロスチャイルド系のブリティッシュ・ペトロと英蘭の合弁多国籍企業であるロイヤル・ダッチ・シェルの2社）。

　石油資源量が圧倒的に大きい中東地域は、イスラエルと近隣のイスラム諸国の対立、イランとサウジアラビアの中東の二大国の対立、イランとイラク、イランとイスラエル、イランの核開発問題をめぐるアメリカとの対立など、長らく高い緊張状態にある。また、2003年のイラク戦争によってサダム・フセイン政権が崩壊した後イラクでは政治的混乱状況が続き、シリアは2011年以降内戦状態が続いて多くの難民を出し、アルカイダやイスラム国などのテロ集団との戦闘など、地域紛争が絶えない。

　こうした状況においても、サウジアラビアを中心とした中東石油産出国（経済制裁下のイランを除く）の安定的産出と輸送の安全が確保されて

第1部

いるのは、ペルシャ湾及び周辺海域におけるアメリカ海軍の展開によるところが大きい。アメリカは、国内のシェールオイル・ガスの開発、メキシコ湾の高深度海底油田開発、アラスカの石油開発などによってエネルギー資源の自給体制が整いつつあり、中東地域の国家戦略上の重要性は低下している。しかしながら、世界的には中東地域の石油生産拠点として重要性は当面は変わらないことから、石油の安定的供給と世界経済の安定が損なわれた場合のアメリカ経済への重大な影響を回避するために、ペルシャ湾及び周辺海域における世界の警察として役割を継続している。

また、アメリカ軍の駐留経費の各国の負担割合の見直しが問題になっているNATOや太平洋地域における軍事力の誇示も、ペルシャ湾におけるアメリカ軍の展開と同様にアメリカを中心としたグローバルな経済秩序とサプライチェーンの維持・拡大を図るためである。

(4) アメリカの金融市場(銀行、証券、保険)とアメリカドル

18世紀後半から本格化したアメリカの国土開発と産業の振興には莫大な資金が必要となる。ヨーロッパから持ち込まれた資本、連邦政府及び州政府の限られた税収でそれを支えることはできず、銀行システムが必要となる。アメリカの銀行制度の特徴は、各州の規制によって支店開設を禁じられた数万の小さな銀行によって巨大な金融市場が構築されたことである。その影響は今日にも残っており、規制緩和によって出現した巨大銀行と多くの特徴ある中・小規模の銀行によって活気ある市場が構成されている。

1791年にアメリカ合衆国議会によって公認された第一合衆国銀行(First Bank of the United States)が開設され、アメリカの銀行システムが誕生している。第一合衆国銀行はアメリカ中央政府の財政的ニーズに応えるべく設立されたが、形態は商業銀行であり全国に支店開設を認め

られた独占的銀行であった。ところが、第一合衆国銀行への金融力の集中に反発した各州政府によって第一合衆国銀行が解散させられ、州法の下での多くの銀行が設立される。無秩序に設立された銀行が倒産することによって経済に少なからず混乱を招いたが、時代背景はフロンティアと経済の拡張期にあり金融市場の拡大が続く。

　また、西部開拓によって新たな州が誕生し、各州で公共事業に多額の資金が必要とされる。財源不足の対応策として、各州は州債券の発行や新たな銀行の設立許可に動き出す。ニューヨーク州が1838年に自由銀行制に移行すると、次々に新たな銀行が設立されて金融市場が活性化する。1860年代初めにはニューヨーク州の自由銀行法に変更が加えられて21州で同様な制度が導入され、アメリカのすべての州で銀行が競争する環境が生まれる。

　自由な競争環境の下で多額の資本調達ができる環境が整備されたことによって、19世紀以降のフロンティアと国土開発、様々な産業への投資を支え、それらが経済の好循環を呼び込んでアメリカ経済を世界一の経済大国に押し上げる。また、1792年に起源を持つニューヨーク証券取引所が1817年に定款を制定して設立され、フロンティア、鉄道建設、産業振興のために発行された大量の株式及び社債の取引によって短期間に巨大資本市場に発展してゆく。

　一方、アメリカ政府財政については、アメリカ独立戦争、南北戦争、鉄道・運河の建設などの大型のプロジェクトのために大量の国債を発行し、ニューヨーク証券取引所とともにロンドンの金融市場が買い支えている。この時点における国際金融市場のリーダーはロンドン市場であり、前述のワーテルローの戦い（1815年）に際してイギリスの公債市場で巨利を得たネイサン・ロスチャイルドやドイツからアメリカに移民した銀行家のジョゼフ・セリグマンなどの銀行家・投資家がアメリカ国債を大きく引き受けている。その後さらに、イギリスのウェールズから移民し

たジューニアス・モルガン（ジョン・ピアポント・モルガンはその子）などが加わっている。

　アメリカのGDP（購買力平価）は1870年にはイギリスを抜いて世界第2位（世界第1位は中国）になっており[10]、ニューヨーク金融市場も19世紀末までに取引量ではロンドン市場と並ぶ巨大市場に発展している。第一次世界大戦後の世界経済は、ヨーロッパの復興に道筋がついて好景気が続き、株式市場はバブル状態になってゆく。大きく膨らんだバブルが弾ける反動は大きく、1929年10月24日にニューヨーク証券市場の株価の大暴落「大恐慌（世界恐慌）」が起こり、その後の数週間でダウ工業株価はピーク時から89％下落している。アメリカでは多くの企業が倒産し、債権回収できなくなった金融機関が連鎖倒産して金融システムが崩壊し、影響が全世界に波及した。ニューヨーク市場の株価の暴落が世界恐慌となった背景にはアメリカ政府とFRB（米国連邦準備理事会）の対応の問題があるが、アメリカ経済とアメリカ金融市場が世界経済の中で非常に大きな役割を占めるようになっていたことの裏付けでもある。

　アメリカの金融市場は経済力の拡大と相乗して拡大する。第二次世界大戦後の経済は、モータリゼーションの到来、輸送手段の大型化・高速化、コンピュータの発達・普及、通信手段の発達、世界的な人口増加などを背景に大量生産と大量消費時代に突入する。アメリカドルの信用はイギリスポンドを凌ぎ、多国間取引の基軸通貨がドルに移行し、ニューヨークのウォール街はロンドンのシティーを超えて世界最大の国際金融市場となった。また、ヨーロッパではアメリカが推進したヨーロッパ復興計画（マーシャル・プラン）によってドイツが奇跡的復興を成し遂げ、日本もアメリカが主導権を握るGHQ（連合国軍最高指令官総司令部）の下での経済復興政策とアメリカ主導のIMFからの資金借入によって戦

10　アンガス・マディソン『世界経済の成長史 1820－1992年』（東洋経済新報社、2000年）

後復興とその後の高度経済成長を達成する。第二次世界大戦を経て、世界全体がアメリカのサプライチェーンに組み込まれてゆく。

　また、アメリカが世界最大の穀物輸出国となる中で、シカゴでは穀物の先物商品取引と金融先物取引が発展し、シカゴ・マーカンタイル取引所及びシカゴ商品取引所が世界的先物市場となった。2008年にはシカゴ・マーカンタイル取引所がシカゴ商品取引所を買収し、世界最大のデリバティブ取引所となる。さらに、アメリカでは1971年に新興（ベンチャー）企業向けの株式市場としてNASDAQが登場し、2017年の世界の証券取引所の取引額ではニューヨーク証券取引所に次ぐ世界第2位の市場になっている。上場企業にはApple、マイクロソフト、アマゾン、フェイスブックなどの世界的巨大企業を擁し、新興企業向け市場であることに加えて情報通信関連企業の重要な株式市場ともなっている。

　保険市場も順調に発展している。1735年に最初の火災保険を引き受ける会社が誕生し、1752年にはベンジャミン・フランクリンが創設した現存する最初の相互保険会社Philadelphia Contributionshipが誕生している。そして、1792年には最初の株式会社方式の保険会社であるINA（Insurance Company of North America）が創設されている。ただし、アメリカの保険産業は当初、銀行業と同様に州ごとに監督・規制が行われ、複数の州で事業展開することは基本的には認められていなかった。

　また、18世紀当時のアメリカでは保険会社は、原則として単一の保険種目を引き受けることしか認められておらず、リスクの目的ごとに多数の小規模保険会社が保険を引き受けている。1950年代の規制緩和によって事業環境が大きく変化し、州ごとに小規模で単一種目を取り扱う保険会社は、複数の種目を複数の州で、さらには全米で保険を引き受けることが可能になる。規制緩和に伴って保険会社の規模が急速に拡大し、やがて国際的な大規模保険会社や世界的再保険会社が登場する。

　AIGは2000年代には世界有数の規模の保険会社にまで成長し、日本

をはじめとして世界各国で広く事業展開を行っている。2008年のリーマンショックは、住宅サブプライムローンの焦げ付きをきっかけに大手投資銀行のリーマン・ブラザーズが９月15日に経営破綻し、世界的金融危機に発展したが、その翌日にはAIGも経営破綻危機に瀕していることが明らかになる。AIGは国有化とFRBによる850億ドルの資金供与によって経営破綻を免れるが、救済が行われた背景にはAIGのクレジット・デリバティブ市場における存在感の大きさから破綻した場合に金融危機を招きかねないこと、アメリカ及び世界中の億単位の保険契約責任と信用に非常に重大な問題が生じる懸念があったためとされる。"Too large to fail（大きすぎて潰せない）"という言葉が用いられたが、それだけアメリカの保険会社が世界経済に大きな影響力を持つようになっていたということでもある。

　また、世界的投資家のウォーレン・バフェットが率いるBerkshire Hathawayは、世界最大の持ち株会社であると同時に世界最大級の保険会社グループでもある。傘下にはアメリカで２番目に大きな自動車保険会社であるGAICO、資本規模で世界最大、収入再保険料規模で世界第３位の再保険グループ（National Indemnity及びGeneral Reを中心とする）を擁している（2017年）。

　国際決済通貨を自国通貨とすることのメリットは第２章のイギリスの例で説明したとおりであるが、アメリカドルの信認度は現在の国際社会において圧倒的である。国際決済銀行（BIS）は３年ごとに通貨別の取引高を発表しているが、2016年４月時点の通貨別シェアは、アメリカドル：43.8％、ユーロ：15.6％、日本円：10.8％、イギリスポンド：6.4％となっており、アメリカドルは他の通貨を大きく引き離している。また、IMFの2016年末の各国の外貨準備高を通貨別に見ると、アメリカドルが圧倒的で全体の63.96％を占め、ユーロ：19.74％、イギリスポンド：4.42％、日本円：4.21％を大きく引き離している。

第3章　アメリカ合衆国の経済発展とサプライチェーン

アメリカドルの重要性が世界的に確立される過程で、二つの大きな出来事が起きている。

一つ目は、ユーロダラーの登場である。通貨制度のベースは長らく金本位制であり、第一次世界大戦時の管理通貨制度期間を除き長らく世界の通貨制度のベースであり、第二次世界大戦後もブレトンウッズ体制の下で経済体制を支えてきた。ところが、経済・産業規模と世界の貿易量の急速な拡大に対して、アメリカドルの裏付けとなるアメリカ合衆国の金の生産及び保有量が追いつかなくなって金本位制の維持ができなくなる。

ニクソン・ショック（1971年）によって金本位制が終焉して変動相場制へと移行するとドルの流通量が不足し、通貨量の不足を補うために信用取引が導入される。信用に基づく最初の革命的通貨がユーロダラーを中心としたユーロカレンシーであり、ドルの主権国のアメリカ合衆国の管理が及ばないロンドンで誕生したユーロダラーは、オフショア市場の決済通貨として世界的に流通するようになる。ユーロダラーの誕生は、アメリカの通貨に対する主権を揺るがすものであったが、それ以上に重要なことはアメリカドルに取って代わる通貨がないためにアメリカドルの信用を基に作り出された流通通貨であったということである。なお、信用取引の導入は、金融経済が実体経済から乖離して独り歩きする結果を招き、レバレッジのインフレによって激しい金融バブルと崩壊を招くようになる。

二つ目は、世界各国の外貨準備がアメリカドルで行われる仕組みが作られたことであり、これによってアメリカ合衆国は実質的に無尽蔵にアメリカ国債を発行することが可能になった。第40代大統領のロナルド・レーガンが導入したレーガノミクスは、サプライサイドから経済を刺激することに重点を置き、減税と規制緩和によって供給を拡大することによって経済全体を底上げし、さらに、高金利とドル高の誘導によってイ

ンフレを抑制する政策であった。レーガノミクスの結果アメリカ国内の製造業は国外に生産拠点を移し、産業の中心がIT、情報、金融などのサービス産業及び様々なイノベーションによる知的財産の創造に移行する。製造物の輸出が減少する一方で、国内の需要を補うために日本（後に中国）などからの輸入が拡大して貿易収支が赤字になる。また、減税を行うために社会保障費を抑制するものの、スターウォーズ計画（戦略防衛構想）のために防衛支出が拡大し、支出増が抑制分を大幅に上回って巨額の財政赤字を生む。

貿易収支（経常収支）と財政収支は原則的にはいずれか一方が黒字で他方が赤字になるが、アメリカではレーガノミクスの結果、1980年代に莫大な貿易赤字と財政赤字が常態的に並行して進行する「双子の赤字」状態に陥る。双子の赤字は政府の経済・財政政策によって一時的に発生することは珍しくなく、イギリスでも起こっているが、双子の赤字状況が続けば財政破綻リスクが生じる。財政赤字を埋めるためには新たな国債を発行しなければならないが、財政破綻リスクのある国の国債の引受手は容易に現れるものではない。

ところが、世界最大の経済大国のアメリカの財政赤字がどんどん膨らんでも、貿易相手国の中国や日本などがアメリカ国債を買い支えるのでアメリカは財政破綻しない。中国や日本はアメリカに工業製品を輸出することで潤っており、アメリカ財政の健全性は非常に重要な問題である。また、貿易収支の黒字を投資する場合、アメリカ国債は信用が高くかつ大量に国債が発行されるためにまとまった額の購入が可能であり、結果としてアメリカ国債を買い支え続けるしかなくなる。すなわち、アメリカに商品を輸出し、その利益でドル建てのアメリカ国債を購入する互いの依存関係ができ上がっているということである。そのため、アメリカの場合、双子の赤字は他国におけるほどの重大な問題とはならない。

アメリカといえど財政赤字の拡大を永久に続けることはできないので、

どこかで政策の変更が必要になる。現在のトランプ政権は、法人税及び所得税の減税を柱とした大幅減税を最重要政策の一つとしており、巨額の財政出動が行われている。そのための原資として、貿易関税の大幅な引き上げによる関税収入の拡大、及びアメリカの工業製品需要を輸入から国内生産に切り替えることによる雇用の創出などによって捻出する政策を進めており、将来的にはアメリカ国債を輸入相手国に購入してもらう関係に変化が生じることが予想される。

　また、アメリカが工業生産国に回帰し、エネルギーの自給体制を構築してゆく中で世界中のサプライチェーンも見直されてゆくことになる。しかしながら、低成長・低金利時代においてアメリカを含む世界各国が財政と経済を綱渡りのように運営してゆく中で、世界経済の仕組みが短期間に劇的に変化することは考え難い。したがって、予見できる将来においてアメリカドルの信認とアメリカを中心としたグローバルなサプライチェーンは、今後も暫くは世界経済の中心であり続ける。

第Ⅰ部

第4章 アジアの海洋国「日本」

　日本には「那の港」「袖の湊」などと呼ばれ古くから朝鮮との貿易の窓口となった博多港、平清盛が日宋貿易のために大改修した「大輪田泊（現在の神戸港）」、東洋のベネツィアと呼ばれ戦国時代に自治都市として南蛮貿易を行った堺などがある。また、明治維新以降、日本の産業の発展に歩調を合わせて海運が大きく発展し、アジアを代表する海洋国として世界的に認知されるようになる。

　ユーラシア大陸の西に浮かび大西洋に面した英国と東端の沖に浮かび太平洋に面した日本では海洋国となった背景は大きく異なるが、イギリスと日本は共に島国で国土が狭く海外に活路を求めざるを得なかった。

　イギリスは、フランスをはじめとしたヨーロッパ諸国との軍事・経済上の対抗の必要性から海洋国となり、海軍に商船団の安全航行を支援させながらインド、北アメリカ、アフリカなどの海外領土との間でサプライチェーンを構築・発展させている。また、その間に産業革命を経て鋼鉄製の蒸気船を導入するなど、外洋で大量の積荷を輸送するための船舶の建造技術を発展させている（第1章及び第2章参照）。

　日本はイギリスに300年ほど遅れて海洋進出を開始したが、海洋国に発展するプロセスと個々の事情には様々な違いがある。

　すなわち、日本の場合は、13世紀の二度の元寇（文永の役：1274年、弘安の役：1281年）があったものの、常に外国からの侵略の脅威にさらされていたわけではない。日本列島が地形的問題と多雨によるぬかるんだ土地のために海上輸送が必要とされたが、小規模の沿岸海運にとどまっている。また、豊臣秀吉が仕掛けた朝鮮出兵（文禄・慶長の役：1592－1593年、1597－1598年）でも海上戦は限定的であり、海運と海軍の重

要性が認識されたのは明治維新による。

　日本が海洋国へ動き出すきっかけは、「眠れる獅子」と恐れられてきた清国が阿片戦争（1840－1842年）でイギリスの海軍力に圧倒され、さらにヨーロッパ列強が次々に中国大陸を切り取り始めたのを見て、日本も海軍を持ち、国防とエネルギー・鉱物資源及び穀物の日本への供給確保を目論んだことによる。日本は三大生産要素の「土地」を中国をはじめとするアジア諸国に求め、当初の「資本」を国民への重税と国債（借金）によって調達し、「労働」は明治維新で意識が高揚した自国民の献身によって賄っている。

1．海運の利用

　日本列島は南北に細長く、北は北海道択捉島（日本が実効支配している最北端は弁天島）の北緯45度33分から、南は東京都沖ノ鳥島で北緯20度25分と、緯度の差は25度あり、その距離は実に直線距離で3,000kmを超える。そこに、北海道、本州、四国、九州、沖縄本島をはじめとして、大小6,852の島々が細長く並んで日本列島を構成している。一方、日本の国土は約37.8万 km^2（日本の実効支配領域）で世界第61位、総陸地面積の0.25％にすぎない。また、日本で海岸から一番遠い場所は長野県の佐久市の山中にあるが、太平洋にも日本海にも115kmしかない（国土地理院）。日本は随分南北に細長い。

　7千近くの島々からなる日本列島の海岸線も大いに変化に富んでいる。海岸線の総距離は3万キロ近くあり世界第6位の長さで、広大な国土を有するオーストラリア、アメリカ、中国をも上回る[11]。その長さは島の数もさることながら海岸線が複雑に入り組んでいるためでもあり、美し

11　"The World Factbook" Central Intelligence Agency

い景観を作り出している。また、背後の森から豊富な栄養分が流れ込むので海洋生物も豊かである。栄養豊かな海と多くの入り江は、日本が漁業や海洋交易を通して海洋国家として基盤を確立し、海との関わりの深い文化を形成していく上でも大きな役割を果たしている。

フランスやアメリカのことを豊穣の国として紹介したが、日本は大農法を行うための平坦地は少ないものの、自国民の台所を満たすだけの生産能力は十分あり、さらに、植生の多様性では世界屈指である。日本の本州は、フランスやアメリカなどの中心的農業地域と同様に中緯度にあり、冷夏や収穫時期の台風によって飢餓になる年はあるものの概ね作物の育成に適した気候であり、かつ中緯度の諸国・地域の中でも雨量が多い。

日本列島の豊富な雨量は作物の生育にはありがたいが、陸上交通においては厄介な問題である。まず、日本の国土の大部分は山岳地帯で海岸線までの距離が短く、大雨や大量の雪解け水によって河川はしばしば氾濫し、沿岸地域は高波に襲われる。日本列島には至る所に急流河川があり、川幅が狭くても容易に渡れない。また、少しの雨でも平坦地はぬかるみ、馬に貨車を引かせて荷物を運搬することも容易ではない。そのため、陸上での輸送と移動手段は長らく人力・徒歩に頼らざるを得なかった。人力での移動は速度が遅く、容量も限られる。そこで、海運が利用されるが、イギリスの場合は大洋に漕ぎ出して地球儀の反対側まで目指したのに対して、日本の海運の利用は国内の諸都市間の物品の輸送が目的であり、海洋技術の発展には大きな差が生じている。

なお、日本列島がぬかるんでいたということについて実感がない読者も多いことと思うが、日本の歴史にはぬかるんだ土地の話しが度々登場する。天下分け目の戦いとされた関ケ原の戦い（1600年）では、中山道を進む東軍の別動隊を率いた徳川秀忠が悪天候とぬかるんだ土地に足を取られ、さらに、信州国の上田城攻めに手間取って関ケ原の戦いに遅参

している。また、徳川家康が関東で財政基盤を強化することに成功したのは、豊臣から金山・銀山を引き継いで（没収して）貨幣製造を独占的に行ったことに加えて、利根川の水路を江戸湾から銚子に通水するように改修して洪水リスクを大幅に軽減し、ぬかるんだ関東平野を水抜きして米の増産に成功したことによる。ただし、当時の水抜き事業は江戸幕府のお膝元にとどまり、東海道のぬかるみが解消されて鉄道網と幹線道路が整備され、日本全国の移動スピードが大幅に改善されたのは明治維新以降であり、天候に左右されずに縦横に移動できる環境が整備されたのは戦後である。

　日本人の食生活も海との関わりが大きい。日本人の蛋白源は長らく魚介類によって賄われてきており、肉類の消費が魚介類を抜いたのはようやく2006年である[12]。一人当たりの食用魚介類の供給量は年間約55kg（2009年）であり、近年魚介類の消費増加が著しい第2位の中国の約30kgを大きく引き離している[13]。沿岸漁業は日本人の命を繋ぐ重要な役割を果たし、さらに海産物の輸送のために沿岸海運が発達してゆく。

　日本人が蛋白源を魚介類に依存してきたのは、単に四方を海に囲まれているからということではない。日本列島の周辺の海は、背後の豊かな森から豊富な栄養分が流れ込むことにより多様で豊かな海洋生物が育まれていることによる。暖流の黒潮と寒流の千島海流が出会う潮目が千葉銚子沖から北海道釧路沖にかけてあり、寒流（親潮）によって運ばれてきた豊富なプランクトンにイワシなどの小魚が大量に発生し、暖かい黒潮に乗ってカツオやマグロなどの大型の回遊魚がやってくる。最大の漁場である三陸・金華山沖は世界の三大漁場の一つとされる。また、日本海側にも黒潮から分かれた対馬暖流が日本列島に沿って北上し、その下に北から冷たい寒流が潜り込み、多様で豊かな漁場となっている。

12　厚生労働省「国民栄養調査」（平成9－14年）「国民健康・栄養調査報告」（平成15－24年）
13　FAO「Food Balance Sheets」、厚生労働省「食料需給表」

第Ⅰ部

〈図表2　日本の沿岸海運〉

出典：ミツカン水の文化センター事務局：日本の食文化を広げた「昆布ロード」（北海道漁業協同組合連合会のホームページ「昆布の旅」を参考に編集部作成）
http://www.mizu.gr.jp/kikanshi/no54/04.html

　日本列島が南北に長いために地方によって海産物の種類が異なり、収穫される農産物も異なるために物流が必要になる。その輸送手段に海運が用いられている。すなわち、加工された魚介類や海藻などの運搬、米や酒などの食料、木材、衣類をはじめとした日常品などの大きな荷物の運搬には船の利用が利便性に優れていたことから、日本沿岸では古くから沿岸海運が発達している。〈図表２〉は、日本沿岸の海運のルートを示したものであるが、北前船によって蝦夷地の昆布をはじめとした海産

物が富山（越中）、大阪（大坂）、鹿児島（薩摩）を経て沖縄（琉球王国）、中国（清）に密輸され、中国からは越中に漢方薬の材料が運ばれて製薬と売薬業が行われ、琉球や奄美から薩摩に砂糖が運ばれるなどの小規模の交易が行われている。北海道と中国を結ぶルートは今日では「昆布ロード」と呼ばれているが、沿岸海運は日本が海洋国家としての発達する礎となっている。

　また、日本の経済が長らく石高制を基盤とした米経済であったことも沿岸海運の発達に大きな役割を果たしている。織田信長の後を継いで天下統一を成し遂げた豊臣秀吉の最も重要な功績の一つが太閤検地（1582－1598年）である。太閤検地によって権利関係の整理と計量単位の統一によって全国の各地域の石高（生産高）を正確に把握し、石高によって大名や家臣への知行や軍役賦課などを定める新たな統治システムが確立される。そして、石高制度と米経済は江戸幕府に継承される。

　江戸時代を通して幕府や大名の主な収入は石高に基づく年貢米であったが、米の現物を様々な経済活動に用いるには無理があり、年貢米を流通通貨に交換する必要がある。そこで、全国各地から大坂の米問屋（あるいは江戸の蔵屋敷）に持ち込まれ、そこから全国への流通に乗せるシステムが生まれる。1730年に大坂堂島に開設された米の取引所である堂島米会所は世界最古の先物取引所として知られるが、現物取引所でもあり、江戸時代の日本の米のサプライチェーンのハブであった。

　大坂や江戸をはじめとした大都市と各地の間の米の輸送には船舶が使用され、沿岸海運は日本の物流の中心的役割を果たしている。北海道や日本海側の港と大坂を結ぶ航路に利用された北前船や大坂と江戸の間で盛んに利用された樽廻船、菱垣廻船などは、ルートと用途に応じて開発された沿岸海運用船舶である。

　一方、海外との交易は制限されていたことから大航海をするための大型船の開発は行われていない。また、お隣の大国、中国では明の一時期

を除いて大規模な海洋進出とそのための技術開発が行われず、外国からの技術の伝播と刺激が限定的であったことも日本の海運が沿岸海運にとどまった理由とされる。

2. 明治維新の目的

　司馬遼太郎の大作『坂の上の雲』[14]は、「まことに小さな国が、開花期をむかえようとしている。」の名文句で始まる。『坂の上の雲』はNHKでテレビ化（2009年11月29日～2011年12月25日まで足掛け3年で放送）されていて、冒頭のナレーションは司馬の文章を引用しながら次のように続けている。

　「まことに小さな国が、開花期をむかえようとしている。
　小さなといえば、明治初年の日本ほど小さな国はなかったであろう。産業といえば農業しかなく、人材といえば三百年の間、読書階級であった旧士族しかなかった。
　明治維新によって、日本人は初めて近代的な「国家」というものを持った。誰もが「国民」になった。
　――中略――
　今から思えば実に滑稽なことに、米と絹のほかに主要産業のないこの国家の連中がヨーロッパ先進国と同じ海軍を持とうとした。陸軍も同様である。財政の成り立つはずがない。
　が、ともかくも近代国家をつくりあげようというのは、もともと維新成立の大目的であったし、維新後の新国民達の少年のような希望であった。」

14　産経新聞夕刊で1968年4月から1972年8月にかけて連載。後に、文芸春秋にて単行本、文庫本として出版

すなわち、明治維新の目的は近代国家を作り上げることであり、その重要な手段の一つが海軍を持つことであった。大政奉還（1867年）から27年後には清国を相手に日清戦争（1894年）を行って勝利し、その10年後にはヨーロッパの大国ロシアを相手に日露戦争（1904年）を行い、日本海海戦の圧倒的勝利によって有利に戦争終結する。さらに10年後には第一次世界大戦（1914‐1918年）に参戦して戦勝国の一つとなり、中国大陸及び朝鮮半島における権益を獲得・拡大してアジアでは抜きん出た国となり、欧米列強に準ずる国力を持つようになってゆく。

　明治維新の変革は、日本が千数百年かけて築いてきた階級制度の廃止から、文化・思想の変更、生活様式の西洋化などのあらゆる分野に及び、しかも、それらを二、三十年でやってしまおうということなので、国家の変革スピードは驚異的であった。「まことに小さな国」が急速に国力を増強することができた背景には、「富国強兵」と「殖産興業」の大スローガンの下に国民が重税に耐え、外国に絹を売って稼いだなけなしの金を叩いてイギリス、ドイツをはじめとしたヨーロッパの先進国から優れた技術者を日本に招き、短期間に重工業を発達させ、西洋式軍隊を養成し、欧米列強と伍する国にしようと国民全体がまじめに思ったことによる。

　強い海軍を持つためには、最先端の装備を備えた大型の軍艦を戦争遂行に必要な隻数を保持する必要がある。当時の日本の工業力・技術力では軍艦をはじめとした最新鋭兵器の大部分を輸入せざるを得ず、その費用は貧しい日本には非常に大きな財政上の負担となる。さらに、実際の戦争になると数十万人の兵士と装備の移動、莫大な量の砲弾と銃弾のために巨額の費用が掛かる。

　しかしながら、『坂の上の雲』に描かれているように、明治維新の目的が日本を近代的国家に変貌させることであり、そのための最新鋭の軍

艦購入のためなら外国に絹を売って得たお金のすべてを投げ打つ。初めて政治に参加するようになった国民が近代国家建設の高揚感に浸り、高額の税金にも耐えるという社会的機運があった。

それでも無一文の小国が明治維新からわずか37年で大国ロシアを相手に戦争を行うことは、日英同盟のパートナーのイギリスの目からも無謀であった。すなわち、日露戦争当時のロシアの財政規模は日本の8倍、人口が2倍であり、ロシアがヨーロッパ列強の軍事的脅威から広大な国土を守り、進行中であった共産主義運動を抑えるために財政と軍備の一部を確保しておく必要があったことを割り引いても、兵力と装備には大きな差があり日本がロシアに対抗することは無理であると見られていた。

中でも資金不足は深刻で、国民の重税と絹を売って稼いだ外貨のほとんどを注ぎ込んでも日露戦争遂行のために必要な資金確保には程遠かった。事実、日本政府の命を受けて日本銀行副総裁（当時）の高橋是清が戦費調達のためにニューヨーク、ロンドンに出向いたが、資金調達は難航し、必要額1千万ポンドの半額の調達しかできなかった。状況を大きく一変させたのは、ユダヤ系アメリカ人の金融家のヤコブ・シフがジャンク債のように見做されていた残りの500万ポンドの日本公債を引き受けたことによる。ただし、シフは日本の勝利を予想したわけではなく、ロシアのユダヤ人に対する虐待に憤慨していたためにロシアが日本との戦争で疲弊し、ロシアで政変が起こればユダヤ人が救われると考えたためとされる。

日露戦争の発端は、朝鮮半島がロシアに支配された場合の日本の防衛と朝鮮における日露間の権益争いであり、朝鮮半島及びその周辺海域での制海権の確保が双方にとって鍵となる。日本は、ロシアの太平洋艦隊が拠点を置く旅順要塞攻撃に手を焼くが、二百三高地の攻略から旅順を陥落させると旅順のロシア太平洋艦隊は無力化され、旅順を目指して航行中であったバルティック艦隊（旅順陥落によって目的地をウラジオスト

ックに変更）との日本海海戦で圧倒的な勝利を収める。日本は、有利な状況で第26代アメリカ合衆国大統領セオドア・ルーズベルトに斡旋を要請し、ポーツマス条約によって講和する。

　日本海海戦の勝利は、日本の朝鮮半島における権益の承認やロシアの中国における権益の譲渡にとどまらない。日本は日本列島周辺海域の制海権を確立し、アジアにおける最強の海軍国として国際的な認知を得、その後の国際社会における発言力の増大とアジア諸国へのサプライチェーンの構築の足掛かりとしている。すなわち、日本のアジアの海洋国家としての扉は、日本海海戦の勝利によって開かれたといえる。

　日本の金融システムも他の産業と同様に欧米先進諸国をモデルに発展してゆく。国立銀行条例に基づく民間銀行として第一国立銀行が1873年に開業し、1876年には私立銀行として旧三井銀行が開業している。また、大蔵卿の松方正義は、西南戦争（1877年）の影響による激しいインフレの解消策として不換紙幣の整理と正貨兌換の銀行券の発行を行い、通貨価値の安定を図るために中央銀行の創設を提議し、1882年に日本銀行が創設されている。

　また、証券市場は、1878年には東京株式取引所（東京証券取引所の前進）が売買立会を開始している。保険はそれより早く、1869年に神奈川県の税関が保管倉庫内貨物の火災損傷を引き受け、1879年に最初の海上保険会社、1880年に生命保険会社、1887年に火災保険会社が設立されている。さらに、富豪によって出資された持株会社が中核となって多種多様の企業を保有する集団は財閥と呼ばれ、江戸時代から続く鴻池、三井、住友、明治以降に成立した三菱、安田などの財閥が日本の殖産興業の波に乗って発展し、金融を含むあらゆる産業の発展を牽引してゆく。

3. 大東亜共栄圏とエネルギー資源

　日本は、日清戦争、日露戦争、第一次世界大戦への参戦を経てヨーロッパ列強国に対抗するようにアジア進出を図ってゆく。日清戦争の結果、1895年の下関条約によって台湾が日本に割譲され、さらに1910年には韓国を併合する。台湾は1945年の日本のポツダム宣言受諾によって中華民国に編入されるまで日本が統治し、韓国の併合状態は同年に朝鮮総督府がアメリカ合衆国に降伏するまで続く。

　続いて日本は、石油、石炭などのエネルギー、鉄や銅などの鉱物資源、ゴムなどの原材料、食糧増産のために、大東亜共栄圏構想を掲げて中国東北部（満州）を皮切りに中国大陸に進出し、さらに南方への進出を図る。

　大東亜共栄圏は、欧米諸国による東アジアの植民地支配に代わって日本を中心にしたアジア民族の共存共栄「八紘一宇」を唱えた広域地域経済圏構想であり、日本が第二次世界大戦に突入する１年前の1940年に打ち出されている。大東亜共栄圏は盟主である日本（大日本帝国）及び満州国、中華民国（汪兆銘政権）を中心とし、フィリピン、フランス領インドシナ（現在のベトナム、ラオス、カンボジア）、イギリス領マラヤ（現在のマレーシア、シンガポール）、オランダ領東インド（現在のインドネシア）、ビルマ、インドなどを含む東アジアの広い地域に及ぶ政治的・経済的ブロック構想である。具体的行動には至らなかったものの、構想にはオーストラリア、ニュージーランドも含まれていた。

　なお、大東亜共栄圏構想は日本の軍事力を背景にした日本の経済戦略であったが、本書の目的はサプライチェーンの重要性とリスク対策について検討することであり、大東亜共栄圏構想が日本の海運力による海洋サプライチェーン構想であったことについて述べるにとどめる。

第4章　アジアの海洋国「日本」

　共栄圏構想はブロック経済に共通する部分が大きい。ブロック経済では、貿易、通貨、金融などの各分野でブロック内の自給自足と相互繁栄を成立させることが重要であり、共栄圏構想においても目指すところは同様である。戦時経済における最重要産業の鉄鋼は、半製品である銑鉄を満州及び交易圏であったインド、ソ連などから、製鉄に必要な良質な粘結炭は中国の華北から輸入し、日本で生産している。また、中国内陸部の満州の石炭、鉄、大豆などの輸送は、大連や朝鮮半島の北部の羅津港などとの間に鉄道を敷いて運び、そこから船で日本に輸送している。

　共栄圏構想の背景には、戦前の日本が石油製品、屑鉄などの重要な燃料、原材料の多くを太平洋の利害が相反するアメリカからの輸入に依存し、最重要資源の石油に至っては日本の需要の8割をアメリカから輸入していたことがある。日本の軍事力による南方への進出は、オランダ領東インドの石油やゴムを獲得することが重要な目的であり、アメリカへの依存を断ち切るためであった。「八紘一宇」の精神というより日本の戦争遂行のための原材料を緊急的に行うための搾取であった側面が強い。とはいうものの、80年近く前の1940年の日本には既に、共栄圏から日本への原材料の輸送を行うための十分な海運力とその航行の安全を守る強力な海軍があり、海運力によって日本はアジアの中で抜きん出た経済国であった。

　1942年の6月のミッドウェー海戦で日本が大敗を喫して南太平洋の制海権を失うと、日本の商船には海軍の安全航行支援がなくなり、攻撃対象となって海上輸送が困難になる。海上輸送力の喪失によって、戦地への食料、兵器・弾薬、戦闘員、医薬品などの兵站が断たれ、共栄圏から日本へのエネルギー、原材料のサプライチェーンが崩壊すると日本の鉱工業生産力が大幅に減少し、戦争の帰趨が明らかになる。

　ミッドウェー海戦後、第二次世界大戦中に2,259隻、814万総トンの商船が失われ、乗組員30,592名（漁船、機帆船を含め60,545名）が犠牲とな

っている。損耗率では陸軍の20％、海軍も16％を大きく上回り、商船乗組員の損傷率は43％と高い[15]。また、終戦時の1945年の日本の鉱工業生産は、日本の主要都市の多くが空襲によって破壊されたこともあって、開戦前の1940年の5分の1以下にまで落ち込んでいる（後述する）。1945年の日本の敗戦によって大東亜共栄圏は瓦解し、海洋国日本は世界経済の枠組みからいったん消える。

4. 日本の造船と海運力

　日本の近代的造船の歴史は、1870年に長崎造船所（現在の三菱造船）で初めて鋼船を建造したことに始まる。造船技術が欧米に追いつきはじめたのが日清戦争後であるが、日露戦争で使われた主力軍艦は依然としてイギリス、ドイツ、フランスなどから購入されたものであり、日本の造船産業が大きく飛躍するのは第一世界大戦によって船舶需要が伸びたことによる。そして、1919年には日本の船舶建造量が世界の船舶建造量の8.6％、61.2万総トンとなり、アメリカ、イギリスに次いで世界第3位になっている[16]。

　大東亜共栄圏は共栄圏諸国から日本へのエネルギー・鉱物資源及び食料輸送のための十分な日本の海運力を前提にした構想であり、造船技術の向上によって大型商船が次々に建造されて海運力が増強される。日本の造船技術の高さは、戦艦大和に代表される日本の軍艦が世界的にも最高水準の機能を備えていたことからも分かる。しかしながら、敗戦によって軍艦は当然ながら大型商船についても大部分を失い、さらに、一時期は大型商船の建造を禁じられる。貿易における輸送手段は海運のほか

15　商船三井社内報「うなばら」2012年8月号
16　南崎邦夫「日本造船業の盛衰と今後」https://www.jstra.jp/html/PDF/research2017_04.pdf
　　データ出典：ロイド船級協会

〈図表3　太平洋戦争前後の鉱工業指数〉

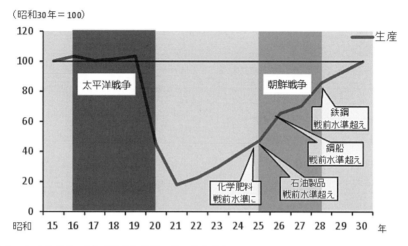

出典：経済産業省　「太平洋戦争前後の鉱工業指数」

に陸上輸送と航空輸送があるが、島国である日本の貿易に占める輸送は物量ベースではそのほとんどが海運による。したがって、日本の盛衰は海運をいかに復活させ、効率的に利用できるかということに掛かっていた。

　幸いにも戦争による造船所の損傷は大きくなく、朝鮮戦争特需や戦後の経済発展によって勢いを取り戻し、1956年にイギリスを抜いて造船竣工量が世界第1位となり、その後5年間世界第一位の座を守っている。現在の造船竣工量は中国の後塵を拝しているが、大型石油タンカー、LPG船、コンテナ船、自動車運搬船などの高度な技術を要する船舶の建造では日本の最先端かつ完璧な「ものづくり」が世界をリードし、日本のサプライチェーンを支えている。

　〈図表3〉は、経済産業省が第二次世界大戦前後の鉱工業生産について昭和30年（1955年）を100として指数化したグラフである。それによれば、日本の鉱工業生産は第二次世界大戦によって戦前の5分の1以下

にまで落ち込み、鉱工業生産が戦前の水準に戻ったのは終戦から10年後の昭和30年（1955年）である。また、その間昭和26年（1951年）に鋼船の生産が戦前の水準に戻り、昭和28年（1953年）に鉄鋼が戦前の水準に戻っている。そして、日本の鉱工業生産が戦前の水準に戻る頃から日本経済は成長基調に移行する。「奇跡」ともいわれた日本の戦後の高度経済成長期（1954－1973年）の経済成長率は毎年10％前後に達し、1968年にGNP（国民総生産）で西ドイツ（当時）を抜いて世界第2位になる。

　話しが少し前後するが、欧米先進諸国では20世紀初頭に燃焼機関の燃料として石油の利便性が注目され、先進技術を要する軍艦や航空機の燃料として導入が開始され、第一次世界大戦では石油権益の獲得が戦争目的の一つとなっている。石油は取り扱い、着火の容易さ、燃焼効率の高さなどあらゆる面で優れた燃料であり、液体であるために石炭に比べて容積が小さく、使い勝手もよい。イギリスは第一次世界大戦前に軍艦の動力を石炭から重油に切り替え、日本海軍も第一次世界大戦後に軍艦の動力を重油に切り替えている。

　アメリカに加えて中東やソビエト連邦（当時）などで大規模な油田開発が進められると、20世紀半ばには、石油の利用が軍艦や航空機などの限られた用途から、工業生産及び発電用燃料、そして様々な一般的用途に広がってゆく。戦後のモータリゼーションの進展は石油の入手が容易になったことを背景に起こったが、同時に石油資源の安価で安定的供給確保が経済の最重要課題となる。

　第一次世界大戦後の旧オスマントルコ領土内の石油利権をめぐってアメリカとイギリス資本による激しい争奪競争が起こるが、当時の日本資本が争奪競争に加わることは資本力と日本の国力からして無理であった。また、日本は第二次世界大戦の敗戦によってインドネシアの石油資源確保にも失敗しているので、戦後「平和国家」に転換した日本は、中東やインドネシアから商業的に石油を購入し日本に輸送するしかなかった。

中東やソビエト連邦と陸続きのヨーロッパは石油パイプラインが合理的輸送手段になるが、日本への輸送は海上輸送によらざるを得ず、日本の工業製品の国際的価格競争力維持のためには超大型石油タンカーが必要になる。日本の石油会社と造船会社は、石油タンカーの大型化にいち早く取り組み、1966年に世界で最初に20万トンを超える超大型タンカー「出光丸」を就航させ、ペルシャ湾から日本への効率性の高い輸送方法を確立している。

　また、近年地球環境保全意識が高まる中で、化石燃料の中では温室効果ガスの排出量の少ない天然ガスが注目されている。天然ガスは気体のためにかつては原油掘削に一緒に噴出する厄介な副産物であったが、−162℃に冷却してLNGとして海上輸送する方法が開発されるとエネルギー資源としての価値が一変する。日本へのLNGの海上輸送は1969年に開始され、日本の高度なLNGタンカー造船技術に支えられて拡大し、天然ガスは日本のエネルギーの約1／4を賄っている。日本の工業製品の国際的価格競争力は日本の高度な造船力・海運力による超大型石油タンカーやLNGタンカーによって支えられている。

　海上輸送は日本のサプライチェーンを支える最重要輸送手段であり、将来AIやその他の新しい技術が導入されるとしても、海上輸送が物流の中心であり続けることは明らかである。日本のイノベーションによる造船と海運力によってサプライチェーンが支えられていることは、現在そして将来の日本経済の安定的発展を展望する上で重要な強みである。

5. 世界最大の債権国

　財務省によれば、日本の2017年度末の対外純資産残高は328兆4,470億円で、27年連続で世界最大である。また、負債控除前の対外資産残高は1,012兆4,310億円に達し、日本のGDP 548.7兆円（2017年度、内閣府）の

約2倍の金額に達している。円高と低金利のために海外から日本への投資が低迷する一方、日本の貿易黒字が対外投資に向けられた結果である。対外資産残高1,012兆4,310億円の内訳をみると、証券投資の割合が全体の5割近い463兆4,170億円と高い水準を維持しており、次いで直接投資（企業買収）が174兆6,990億円となっている。直接投資額は近年増加傾向にあり、全体の2割に迫ろうとしている。

　日本銀行の統計から2017年の日本の直接投資先を国別に見ると、アメリカ合衆国が圧倒的な第1位である。意外に思う読者がいるかもしれないが、第2位は国際金融市場を有し多くの日本企業がEUの生産・流通拠点を置くイギリス（ただし、ブレグジット以降の動向は不透明）、第3位は同じく国際金融市場を持ち日本との歴史的繋がりが深いオランダが続く。また、年度による変動があるものの、金融取引の増加を反映してタックスヘイブンのケイマン諸島やシンガポールへの投資額が拡大している。次に、中国、タイ、インドネシア、オーストラリア、ベトナムなどのアジア太平洋地域の国々が上位に名を連ねている[17]。

　直接投資額の増大傾向は、日本から海外へ工場移転が進んでいることを示すものである。日本の国内産業は、高い人件費水準、少子高齢化と人口減少による国内市場の成長性の陰り、新興国の低い人件費と高い市場成長率を背景にした工場の移転などによって産業構造が大きく変化しつつある。アジア太平洋諸国への投資は、日本企業のアジア諸国との分業体制の拡充を中心としたサプライチェーン戦略を色濃く反映しており、日本の「ものづくり」を支えるためにアジア太平洋地区を中心としたサプライチェーンを維持・発展させるための投資であると考えられる。

　また、サプライチェーンは状況の変化に合わせて見直しが必要になる。従来、日本とアジア太平洋諸国との間のサプライチェーンは、アジア太

17　日本銀行 国際収支・貿易関連統計「対外・対内 直接投資収益（地域別・業種別、四半期計）」

平洋諸国から原材料を輸入し日本で生産する、あるいは海外で部品・半製品の製造を行い日本で完成品を製造するという単純な構図であったが、資本投下国の経済発展や日本の海外投資が進んだ結果、グローバルな企業間競争を勝ち抜くために価格競争力を重視したサプライチェーンの再構築が進んでいる。

　台湾や中国では、労働力の質の向上によって付加価値の高い高度精密製品の製造が可能になり、日本との関係は水平分業に移行している。また、韓国は日本企業に部品や半製品を輸出する関係から家電や自動車産業では日本企業とライバル関係に変化している。さらに、各国の産業水準、経済環境の変化に加え、日本との政治的関係なども踏まえた上でサプライチェーンの見直しが進められ、日米間で度々問題となる貿易不均衡問題の解決のために日本からの製品輸出からアメリカ国内生産に切り替える例もある。しかしながら、日本が「ものづくり」を産業の中心に据えて国際的価格競争力を維持しようとする戦略に変わりはなく、海外投資の最重要目的は日本の効率的でグローバルなサプライチェーンを発展させてゆくことである。

　TPP（環太平洋パートナーシップ協定）はアメリカの離脱後も日本の主導によって協定の取りまとめが進められ、11か国で発効している。アメリカの参加が得られなくても、日本のアジア太平洋諸国とのサプライチェーンを確保するために必要な国家戦略であるとの判断による（後述する）。加盟国は既に日本の重要な直接投資対象国であるが、今後いかにサプライチェーンの更なる発展を図ってゆくかが日本の将来を左右する。

　一方、日本が世界最大の債権国であることによって「円」が安定資産として需要を引き付けているが、同時に「円」は慢性的な通貨高になって景気減速の原因、あるいは抑揚の障害になる懸念がある。ただし、こうした懸念の裏返しとして、海外への生産拠点の移転・分散と広範にわたるサプライチェーンを構築することによって、世界の様々な場所で発

生する景気変動リスクを軽減する機能が得られるというメリットもある。

　ドイツが対外投資額を伸ばし対外純資産残高で日本に肉薄してきており、日本の「世界最大の債権国」というポジションがいつまで維持できるかは分からなくなってきている。しかしながら、日本は今後も巨額の対外資産を持ち続けることには変わりがないであろう。経済環境の変化によってサプライチェーンは常に見直しが行われるが、日本が巨額の対外資産残高を有することは大きな強みであり、世界経済の枠組みに常に日本を組み込ませる上で優位に立つことができる。

　なお、日本銀行の統計には、地域（国）別の内訳に加えて、製造業及び非製造業のそれぞれの業種別内訳が記載されており、四半期ごとにデータが更新される。詳細に興味のある読者は、日本銀行の国際収支・貿易関連統計「対外・対内 直接投資収益（地域別・業種別、四半期計）」を参照していただきたい。

第 II 部

第5章 サプライチェーンの拡大と高額化・複雑化

　サプライチェーンの拡大は経済のグローバル化と密接な関係がある。現在のグローバリゼーションは、イギリスとフランスがヨーロッパを二分し互いの植民地も巻き込んで戦争した七年戦争、及びアメリカや日本などの参戦によって世界戦争に発展した第一次世界大戦（1914‐1918年）に起源がある。特に、第一次世界大戦では、電話、無線通信、装甲車、戦車、潜水艦、飛行機などの近代的利器・兵器が開発・使用され、現代文明の様々な技術が世界中に伝播した戦争でもあり、今日に至るグローバリゼーションの最初の大きな出来事であった。

　また、イギリス帝国が覇権を盤石にし、蒸気船の登場やスエズ運河の開通によって海上輸送力が飛躍的に高まると、企業活動が国境を越えて拡大を始め、中には企業形態を多国籍化する企業が出てくる。さらに、多国籍化とサプライチェーンの拡大によって世界的巨大企業が出現し、規模の経済と国際的価格競争が始まる。一足遅れて近代化した日本企業も、欧米の世界的企業の歩んだ道を日本の事情に合わせながら発展を図る。

1. 企業の多国籍化と国際的分業
――国境を越えたサプライチェーンの拡大

　企業形態を多国籍化するメリットは古くから認識されており、歴史上の強大国には本国と遠隔地の支配地域との交易に携わり、実質的に多国籍企業のような役割を果たす商人が介在していた。地中海貿易やヨーロッパ内の経済活動では、メディチ家やフッガー家、ハプスブルグ家などが多国籍企業の役割を果たしている。そして、20世紀初頭には大規模な

多国籍企業が登場する。世界の石油スーパーメジャーの一社であるロイヤル・ダッチ・シェル社は、インドネシアのスマトラの石油開発を手がけるオランダのロイヤル・ダッチ社とロスチャイルドの資金援助を得てロシアのバクー油田の開発を手がけたイギリスのシェル・トランスポート社が1907年に合併した世界的多国籍企業である。同社は、合併によってジョン・D・ロックフェラーが創設した世界最大の石油会社スタンダードオイル（当時）に対抗し得る巨大会社となった。

　そして、20世紀は石油の時代となる。交通・輸送手段が石油を動力として高速化・大型化し、それに伴ってあらゆる産業が発展期を迎える。燃料の主力が石炭から石油に移行し、プラスティックや様々な化学物質・製品が石油から作られるようになる。石油の安定供給の確保が企業間競争を勝ち抜く鍵となり、中東などの大規模な産出地にサプライチェーンを大きく拡大する必要が生じる。

　また、規模の経済による価格競争と販売市場の獲得競争が激しくなると自国に巨大消費市場を持つアメリカ企業も積極的にグローバル化に乗り出す。アメリカ自動車産業のビッグ3（GM、フォード、クライスラー）にとっても、規模の経済と価格競争力の優位性確保、最先端技術を用いた商品開発、多国籍化をはじめとしたグローバル戦略の結果が企業業績に直接影響を及ぼすようになる。さらに、戦後の世界的経済成長期には、モータリゼーション、家電製品の市場拡大によって最先端技術を用いた製品が庶民生活にも用いられるようになり、グローバルな企業間競争が繰り広げられる。

　日本の事情は明治維新以降に大きく変わる。明治維新以前の日本は、中国や朝鮮との限定的な交流及び長崎の出島におけるオランダとの交易を除いて鎖国状態にあり、世界のどこかで経済不況が発生して戦争が起こっても日本には影響がなく、日本の状況が諸外国に影響を及ぼすことなどなかった。

その頃の日本経済は農業を中心とした閉鎖経済であり、経済成長はなきに等しい。日本の人口は戦国時代に群雄割拠して日本の覇権を争った16世紀後半に1千万人を超え、江戸時代に入ると急速に人口が増加し、100年後の17世紀末から18世紀初頭に3,000万人を超えるがその後は長らく一定である。江戸時代初期の人口増は、徳川家康による利根川の水路の銚子への変更及び関東平野の水抜きによって食糧生産が増加したことと、日本の内戦状態が解消されて関東・関西間をはじめとした国内の商取引が拡大し、経済規模が拡大したことによる。しかしながら、その後は明治維新まで農業技術や経済に大きな環境変化はない。1868年の明治維新の頃の人口は3,330万人と推定されており[18]、この間の年間人口増加率は0.1％にも満たない。

　明治維新によって日本の産業の本格的発展が始まる。鉄道及び道路網の全国的整備によって、日本経済は「藩」から近隣のいくつかの旧藩が一緒になった新たな地域としてまとまってゆく。同時に行政上の区分変更が行われ、廃藩置県（1871年）とその後の二度の府県統合と数次の変更を経て、明治維新の時に約270あった藩は現在の47都道府県に変更される。

　各都道府県やそれを拡大した地方では、独立した行政の下に産業が振興され、それを金融面から支援する地方銀行や信用金庫が設立され、各県や地方が競って産業発展を図る。また、道路整備と産業規模の拡大に伴って隣接する都道府県との結びつきが強まり、北海道、東北、関東、東海、北陸、関西、中国、四国、九州、沖縄などに大きく区分されるようになる。

　さらに、企業が地域の枠を超えて日本全国に活動領域を広げてゆく。戦前の、三井、三菱、住友などの財閥会社は、九州、東北、北海道など

18　人口は「国土の長期展望」中間とりまとめ　概要（平成23年2月21日国土審議会政策部会長期展望委員会）を参照

で炭鉱や鉱山開発を行い、全国で産業振興が進められる。第二次世界大戦後には、戦後復興と高度経済成長によって多くの大企業が出現し、製品の販売網は日本全国に張りめぐらされる。鉄道と新幹線、大型トラックが走れる道路・高速道路、港湾の整備、航空路線の整備によって地方と東京、大阪、名古屋などの大都市が結ばれ、地方間の結びつきが強まって企業のサプライチェーンも拡大する。

　同時に日本国内における分業が進む。鉄道網と高速道路をはじめとした産業インフラの整備によって最初に起こった現象は、地方から東京をはじめとした大都市への人口集中であったが、物流は一方通行ではなくなる。安価な土地と労働力を確保できる地方に大企業の大規模な生産施設や物流拠点が建設され、都市間の相互依存関係が強まると地方経済間の競争から日本という単位で経済活動を捉えるようになる。そして、日本は次なるステップとしてサプライチェーンを海外に求める。

　戦後の高度経済成長によって、日本の製造業は家電、自動車を中心に1980年代前半までに輸出を中心に大きく躍進し、「メイド・イン・ジャパン」が世界の消費市場を席巻し、日本はアメリカに次ぐ世界の工場となる。しかしながら、1985年に先進国5か国（G5：日本、アメリカ、西ドイツ、イギリス、フランス）の蔵相・中央銀行総裁会議によって「ドル高」是正の合意（プラザ合意）が行われると円高が進行し企業収益が悪化する。

　日本は止むなく1980年代半ば以降は輸入品を増やすとともに、海外の現地生産に大きく舵を切る。この頃から日本は、エネルギー・鉱物資源を輸入し、日本の製造物をアメリカを中心に海外輸出する単純な構図から、国境を越えた分業体制の構築に向けて資本と経営資源を大きく投下するようになる。

　海外生産の進出先としては、日本の最大の貿易相手国でありかつ貿易不均衡が問題となっているアメリカが最大であり、自動車や家電メーカ

ーが相次いで現地生産を行うための工場建設やアメリカ企業との合弁企業を設立している。また、経済的に離陸直後であったアジアのNIES（韓国、台湾、シンガポール、香港）及びASEAN（タイ、インドネシア、シンガポール、フィリピン、マレーシア、ブルネイ）諸国、実質的な最高権力者であった鄧小平による開放経済政策によって同じく離陸段階にあった中国に生産拠点を設立し、日本との国際的分業が始まる。低賃金のNIES、ASEAN、中国などの国々で付加価値の低い製品、半製品を生産し、日本で高付加価値製品を生産するという分業である。

分業体制は各国の経済の発展状況と環境によって変化する。前述のとおり、韓国や台湾は日本を追うように目覚ましい経済発展を遂げ、1980年代後半以降、家電、半導体、自動車などの分野で高付加価値製品の製造に移行し、韓国との関係は競争関係に変化し、台湾と日本との関係は水平分業に移行している。また、中国においても2000年代以降次第に高付加価値生産が進み水平分業に移行しつつあるが、さらに、賃金水準の上昇、貿易問題、政治的問題などが絡んで日本からの投資と分業体制の見直しが進められている。

2. 国境の概念のないITの普及

現在進行形のグローバル経済の普及と発展に、最も重要な役割を果たしてきた技術がコンピュータと高度なITの世界的普及であることは改めて確認する必要もないであろう。ITがそれまでの通信・情報提供手段と決定的に異なっているのは、スピードの飛躍的向上とともに「国境」という概念を取り払った通信及び情報共有手段であるということである。

ITの発展は電信電話技術の発展にそのルーツがあるが、有線による交信が無線に代わる先駆けとなったのは、1964年にアメリカでインテル

サット社が設立され人工衛星を使った非営利目的の国際通信サービスが開始されたことによる。インテルサット社の設立にはアメリカ合衆国政府のほかに日本を含む11か国と140か国以上の通信事業者が出資し、通信衛星を使って各国の通信事業者に音声、画像、データ通信サービスを提供し、各国間の国際衛星通信の調整も行っている。また、無線通信と電気通信分野における世界の標準化と規制については、1865年にパリに設立された万国通信連合に起源を有する国際電気通信連合が行っており、国際電気通信連合は無線周波数の割り当て（世界無線通信会議）や国際電話の各国間の接続についても調整作業を行っている。

　通信衛星を使った様々な情報が特定の機関や大企業のみならず、広く社会全般に共有化するために重要な役割を果たしたのがパーソナルコンピュータ（パソコン）とオペレーティングシステムである。1984年にスティーブ・ジョブズが中心になって開発したアップルコンピュータ（Macintosh）、及びその翌年にビル・ゲイツとその仲間によって売り出されたマイクロソフト（Windows）は、家庭や個人にもパソコンが普及する革命的成功を収め、1980年代後半以降世界はブラウザが競い合う情報サービス競争に突入する。

　21世紀に入ると大容量のデータ通信が可能なブロードバンドや公衆無線LANサービスの利用が広まり、パソコンに加えて携帯電話やスマートフォンなどの通信端末の発達によって低価格でインターネットに常時接続されるようになる。インターネットは、企業活動のみならず公共機関のサービスを含めた社会生活全般、個人の生活においても不可欠な技術となる。また、経済活動における情報の価値と処理方法が変化し、大量の情報（ビッグデータ）の中から経済活動に有用な情報を瞬時に取りだし、それを使う技術が企業活動の優劣を決定するようになる。

　ITには「国境」の概念がないと述べたが、通信衛星を介した無線の通信・相互情報提供システムは電波が受信できればどこでも利用できる。

企業活動に必要な様々な情報が無料で（あるいは、非常に低いコストで）瞬時に世界中に伝達され、資金の移動もワンクリックで行うことができる。

　国境がないということに関してもう一つ重要な特徴がある。それは、国家の関与できる範囲が限定的であるということである。例えば、郵便物の送付には国家機関が料金請求することができるが、民間企業であるプロバイダーが運営するインターネット通信を介した交信に国家が課金請求することは現実的にはできない。また、国境を越えた様々な情報のサービス提供に関税を課すこともできない。

　ITの発展と新たな応用技術開発には終わりがない。コンピュータネットワークを介してサービスを提供するクラウドシステムの開発によって、情報量と管理環境が格段に向上し、多言語の対応が可能になり、グローバルな経済活動が促進される。また、ビットコインをはじめとした仮想通貨は、国家の信用保証がないにもかかわらず既にインターネットを介した商取引において実質的な決済通貨機能を有しており、グローバルな商取引に用いられているほか、投機の対象にもなっている。

　さらに、金融（Finance）に技術（Technology）を融合した金融技術（フィンテック）の世界的な開発競争が激しくなる中で、仮想通貨を運営するデータベースであるブロックチェーンの利用が注目されている。ブロックチェーンは、P2P（Peer to Peer：ネットワーク上の端末が1対1の対等な関係で行う取引）技術を用いて管理する分散型台帳であり、従来の中央集約型の管理とデータベースに代わってブロック（連続的に増大するデータの単位）を鎖のように連結させることによってデータ管理するシステムである。フィンテックへの応用が実現すれば、世界の商取引と決済方法に画期的な変化が起こることが考えられる。

　各国の中央銀行においても次世代通貨の研究開発が進められている。日本銀行、アメリカのFRB、イングランド銀行をはじめとした各国の

中央銀行では暗号通貨の研究が進められており、その主要な技術がクラウドシステムとブロックチェーンであるとされる。さらに、企業間の契約のスムーズな検証、実行などを行うためのスマート・コントラクト技術と組み合わせて、財物やサービスの取引決済、記録などに使うための技術開発が進められている。ITに関する新しい技術の導入は、経済における地球の距離をますます短縮し、サプライチェーンの拡大を容易にする。

　一方、ITの利用については重大なリスクが付きまとう。中でもサイバー事故が重大な障害となる。サイバー関連の事故の原因は、悪意のない偶然の事故と第三者及び内部者が悪意を持ってシステムを攻撃するケースがあり、システムのダウン、変更、顧客・経営情報の流出などにより重大な事態を引き起こす。特に、悪質で大掛かりなサイバー攻撃（サイバーテロ）によって大企業が利用する大規模なクラウドシステムがダウンすれば、様々な商取引が混乱を起こし、負の連鎖によって経済活動全般に重大な影響が出る。また、政府・行政機関、警察・消防、病院、大学などの研究機関、水道・電力・ガス・公共交通システムなどの社会インフラが重大なダメージを受ける場合には、社会生活全体に深刻な影響が出ることが懸念される。さらに、国家の防衛システムがサイバー攻撃された場合には国際紛争に発展することも考えられる。

　ITは世界経済のグローバル化とサプライチェーンの拡大と複雑化を解決してきた再重要技術であり、今後もその重要性が変わることない。しかしながら、ITの高度化と利用の拡大に伴ってリスクも増大する。リスクの具体的内容とその対処問題については第6章及び第7章で詳しく説明する。

3. 金融の自由化と国際化

　2008年9月15日にアメリカの大手投資銀行であるリーマン・ブラザーズ（Lehman Brothers Holding Inc.）が、アメリカの住宅サブプライムローンの焦げ付きによる多額の損失とそれに関連する様々な資産価格の暴落によって経営破綻した。その影響は瞬く間に全世界に波及し世界規模の金融危機（the Global Financial Crisis）を招いた。日本では「リーマンショック」として知られる「世界的金融危機」は、図らずも金融市場が世界的に一体化していることを証明し、日本も例外とはならなかった（本書では、「2008年秋以降の世界的金融危機」を一般的に馴染みが深い言葉として「リーマンショック」と呼ぶ）。1992年年初から始まった不動産・株バブルの崩壊からようやく立ち直りの兆しを見せていた日本経済は、勢いを失って長期低迷に再び戻り、「失われた20年」を経験する。

　一国の金融市場の混乱が世界中に波及する事例は今から90年前にも起こっている。1929年10月24日（暗黒の木曜日）のニューヨーク市場の株価の大暴落に端を発する「大恐慌（世界恐慌）」は、ヨーロッパやアジアにも波及し、世界恐慌となった。しかしながら、「大恐慌」と「リーマンショック」とは世界中への伝播の背景に大きな差がある。

　大恐慌が起こった頃のアメリカ証券市場は市場規模ではロンドンを上回っていたものの、国際的金融取引の中心はロンドン市場であった。そのため、アメリカ市場の株価の暴落は当初アメリカの国内経済問題であった。アメリカの国内経済問題が世界恐慌となった理由は、株価暴落による損失が最大の理由ではなく、むしろ株価暴落後に発生した銀行の連鎖倒産によって金融システムが麻痺したにもかかわらずアメリカ合衆国政府とFRBが重大性を十分認識せず、適切な措置を怠ったためにマネーサプライが減少し続けたことにある。

ドイツやオーストリアなどで重大な事態に発展した原因は、第一次世界大戦の戦後賠償とインフレによってそれらの国の金準備が不足し、金融基盤が脆弱だったためにアメリカ発の経済不況によって金融システムが崩壊したことである。また、日本は1929年2月に金本位制に復帰していたが、第一世界大戦の戦勝国となったものの外国からの流入資金は少なく、関東大震災と昭和金融恐慌の影響で金融基盤が弱体化していたために世界恐慌の混乱に巻き込まれ、正貨を大量に流出する事態を招いている。巨大なアメリカ経済がなかなか回復しないために世界経済が不況に引きずり込まれ、経済の足腰の弱かった国ほどダメージが大きかったということであり、暗黒の木曜日から各国に経済状況が抜き差しならぬ状況に至るまでにおよそ2〜3年が経過している。

一方、2008年のリーマンショックでは、問題が数週間後には世界各国で重大化している。第二次世界大戦以降、証券市場は金融の自由化の波に乗って巨大化し、国際的金融市場の混乱はそれまでより格段に大きな影響を経済全体に及ぼす。また、金融商品の対象は株式や債券の全般に及び、不動産リスクもMBS（不動産担保証券）により金融商品の対象となるなど、対象が大きく拡大してリスクの把握と管理が難しくなっている。住宅サブプライムローンも例外ではなく、ローン債務は証券化されて細かく分けられてCDS（Credit Default Swap）をはじめとした様々な金融商品の中に紛れ込んでいた。そして、それらの金融商品はインターネットを介して世界中にばら撒かれていたため、アメリカの住宅サブプライムローンの不良債権化が世界中で次々に金融商品のデフォルトを引き起こすことになる。

金融商品は各国政府の認可を必要とし、外国為替を含む外国との金融取引についても制限が掛けられている。しかしながら、それらの制限やルールは経済のグローバル化に歩調を合わせて緩和されてきている。リーマンショックが世界的金融危機に発展したもう一つの要因が金融の規

制緩和であり、金融商品が信用格付けによって数十倍にもレバレッジが利いていたことである。第37代アメリカ合衆国大統領リチャード・ニクソンがドルと金の兌換を一時停止し、ブレトンウッズ体制が崩壊したのが1971年である。いわゆるニクソンショックによって国際決済基軸通貨であるドルの流通量が不足し、不足を補うために信用を基にユーロドルをはじめとしたユーロカレンシーが市場で用いられるようになり、信用を裏付けにした金融取引は実体経済とは離れて独り歩きを始めて急速に膨張する。その問題が37年後の2008年にリーマンショックとなって一気に噴出する。

　実体経済の数十倍に肥大化した金融経済の下で、アメリカの住宅サブプライムローン問題は世界経済を揺るがす問題に発展したが、金融経済の肥大化を未然に防ぐ方法がなかったわけではない。各国政府は自国の金融制度及び外国との金融取引を規制・監督する固有の権利を有しており、金融取引に厳格なルールを適用すれば、相当程度の抑止力がある。しかしながら、硬直的規制・制度はしばしば経済発展の足枷になるため、規制・制度は諸外国の状況を勘案しながら変更される。

　ニクソンショック以降の最初の大規模な規制緩和の例がイギリスのマーガレット・サッチャー首相による「金融ビッグバン」改革（1986年）であろう。サッチャーは1979年にイギリス初の女性首相となり、1980年代を代表する政治家の一人とされる。サッチャーは、古いルールとカルテルによって国際的競争力を削がれていたロンドン証券取引所に三つ大胆な変更を柱とした大改革を導入する。すなわち、「単一資格制や固定手数料の廃止による競争原理の導入」「証券取引所会員への出資規制の撤廃」「大口取引の流動性の向上のためのマーケットメーカー制と最新のコンピュータ技術の導入による利便性の向上」である。これらの一連の改革によって国内の機関投資家のニーズに応え、さらにフランスやドイツなどのヨーロッパ企業の株式の取引がロンドンで行われるようにな

り、ロンドン市場は再び国際金融市場として輝きを取り戻す。

　資金は国境を越えて有利な市場に移動するため、ロンドン市場が輝きを取り戻せば相対的に他の国の市場が落ち込む。自国の金融市場を育成するためには、保護主義政策をとるか、イギリスのビッグバンに倣うかという選択なる。戦後の日本の大蔵省による金融市場に対する護送船団行政は、敗戦によって弱体化した日本の金融資本の保護・育成と国内産業の復興のためには有効な政策であったが、グローバルな市場間競争を支援するための政策ではなかった。

　戦後の日本のグローバル化は、1960年代以降の輸出産業の伸びによって幕が開く。1970年代から1980年代にかけて自動車、家電を中心に日本の輸出産業が世界市場で大きなシェアを占めるようになり、1979年にアメリカの社会学者エズラ・ヴォーゲルが『ジャパン・アズ・ナンバーワン』を出版してベストセラーになる。ところが、1990年代初頭に日本の土地・経済バブルが弾けて不況に突入すると、日本の規制・制度の硬直性が露になる。

　貿易立国を標榜する日本には規制緩和の選択肢しかなく、イギリスのビッグバンに倣って日本の金融市場を自由度が高い国際的市場に変革する方向に進む。そして、サッチャー改革から遅れること10年、1996年に第二次橋本龍太郎内閣は、「フリーすなわち市場原理が機能する自由な市場」「フェアすなわち透明で公正な市場」「グローバルすなわち国際的で時代を先取りする市場」を三本柱とする金融改革（日本版ビッグバン）を打ち出し、2001年までに行うように指示を出す。

　日本及び欧米先進国の企業がサプライチェーンを自国外に拡大し、成長市場とされるアジア諸国、中東をはじめとしたエネルギー資源の供給地域への進出に積極的の乗り出すようになると、資金面でそれを支える金融機関やファンドもグローバル化への対応を求められるようになる。また、海外投資や海外の金融商品の取引によって高い収益が期待できる

となれば、金融事業の自由化・国際化が加速される。

　ただし、金融の自由化・国際化は諸刃の剣である。すなわち、資金移動が活発に行われることによって経済活動は活性化され、広く国内外から資金を集められる市場では株価が上昇し、そこから生み出された資金が次なる投資に向けられる。一方、海外からの投資資金に大きく依存する市場から経済危機や政治的問題などで資金が引き上げられる場合、その国の経済への打撃は計り知れない。1997年のアジア通貨危機では、アメリカのヘッジファンドをはじめとした機関投資家による通貨の空売りによってアジア各国で急激な通貨下落が起こり、経済的打撃の大きかったタイ、インドネシア、韓国はIMFの管理下に入り、マレーシア、フィリピン、香港などにも重大な影響が及んでいる。

　ITの重要な使用目的の一つが、金融の自由化と国際化を進めることによって経済の合理的発展を支援することであり、今後も更なる展開が予想されている。外国との入送金は、互いの取引先の銀行口座を確認すればインターネットを介して瞬時に行うことができるが、前述のブロックチェーンと仮想通貨を用いれば、銀行を通さずに個人間、企業間で直接送金が可能となり、国家による監督や制限がなく、手数料も格安、あるいは掛からなくなる。

　ブロックチェーンには様々な既存システムの代替として発展の可能性があり、複雑で高コストな中央集約型システムからの変更によるコストダウン、経理・決済システムの効率化、いくつかの業務の自動化による省力化、取引相手との直接的サービスの向上などにメリットがあるものと考えられる。こうした技術が実用段階に移れば、企業活動及びサプライチェーンのグローバル化はさらに加速することになろう。

4. 地域経済圏、FTA と EPA、保護主義

(1) EU とユーロ経済圏

　イギリスやフランスは、18世紀から1945年の第二次世界大戦終戦まで、海外の植民地をブロックとして関税同盟を結ぶいわゆる「ブロック経済」を行っている。ところが、第二次世界大戦後植民地において独立運動が起こると、戦争で財政が疲弊していたことに加えて、植民地の社会インフラの維持・更新コストに関する財政負担が過大になることが憂慮されたために独立を認め、植民地経営から手を引いた。第二次世界大戦で敗戦国となったドイツもいったん手中に収めた領土を失って経済圏が縮小する中で、巨大化したアメリカ経済や驚異的経済成長を遂げた日本経済への対抗上、経済圏の拡大の必要性に迫られる。そこで、フランスとドイツが中心になってヨーロッパを一つの経済圏に統合する試みを始める。そして、1992年に欧州連合条約（マーストリヒト条約）が締結され、イギリスの参加も得て翌1993年に EU（欧州連合）が誕生する。

　EU の発足に向けた動きと並行して、ヨーロッパ各国をつなぐ鉄道及び貨客用の高速鉄道及び自動車道路網の整備が進められ、さらに、高速・大容量の IT の普及によってヨーロッパ域内の距離が大幅に縮まると、ヨーロッパ諸国が長年の恩讐を乗り越えてヨーロッパ全域を統一的経済圏とするための環境が整ってゆく。

　ヨーロッパ諸国民の共通の概念として、すべての民族が広義のヨーロッパ人であると認識していることが助けとなって EU が誕生すると、それまでライバル関係にあったヨーロッパの28か国（2018年12月時点）の国々が集まって人口5億人、アメリカ合衆国に次ぐ世界第2位（GDPベース）の巨大経済圏が形成された。域内では、相互に貿易関税を撤廃し、ヒト、モノ、カネの移動が自由になり、域内のサプライチェーンの

効率性が大幅に向上し、加盟国間の相互の経済発展が期待される。また、単一の共通通貨「ユーロ」への参加によって加盟国（19か国）は自国に強力な国際決済通貨を持つのと同様なメリットが生まれ、為替リスクを回避することができるとともに、通貨発行・管理コストを大幅に削減することができる。

　一方、EUの支出に対して加盟国に負担義務が生じるほか、経済や社会問題に関する各国の裁量権は狭められる。また、加盟国に経済・財政問題が生じた場合には支援を求められることになる。加盟国の経済・財政問題については、加盟時の財務内容の基準と審査を厳格化することによって問題のある国を排除できるので深刻な問題にはならないと考えられていたが、発足時に想定していなかった事態が二度起こる。

　一度目が、2008年のリーマンショックによってギリシャの債務危機が表面化したことである。2010年1月に、ギリシャの前政権が財政赤字を隠蔽し、GDPの4％程度としていた財政赤字が実際には13％近くあり債務残高も113％に達していたことが明らかになった。債務不履行の懸念から、信用格付会社は相次いでギリシャ国債の格付けを引き下げ、その結果、共通通貨ユーロが下落し、世界各国の株式市場でも平均株価が下落した。同年4月以降、数次にわたってギリシャはEUをはじめとした機関に対して金融支援を要請している。また、スペイン、ポルトガルについても財政赤字が大きく、大国イタリアの財政も悪化しており、ギリシャ危機がユーロ危機に発展することが懸念された。

　二度目は、イギリスの2016年のEU離脱（ブレグジット：BREXIT）の決定である。イギリスの反発の背景には、EU誕生の歴史的経緯からEUの主導権がドイツとフランスに握られていたため、かつての覇権国であるイギリスにとっては心地よい状況ではなかったことがあると考えられる。そのため、イギリスはEUの共通通貨ユーロには参加せずポンドを維持し、為替リスクを残しつつ自国の一定の裁量範囲の維持を図っ

ている。そして、2011年以降のシリア難民の受け入れ問題と、EU諸国からの低賃金労働者の移入をめぐってイギリス国民の不満が高まってブレグジットの決定に至った。2019年3月末に予定されたブレグジットは10月末まで延期された（本書執筆時点）が、今後どのような変化をもたらすかは不透明である。EUの約15％（GDP）のシェアを持つイギリスの離脱はEU経済に少なからず影響を及ぼすことになる。

EU発足後上述の二度の想定外の事態が起こり、他にもいくつかの問題が浮かび上がってきたことから規定及び運用の見直しが求められている。しかしながら、より重要なことは、EU域内における相互の貿易関税の撤廃と単一通貨「ユーロ」によって巨大経済圏が形成された結果、低迷していたヨーロッパ経済が再び浮上して世界経済の中で存在感を発揮するようになったことである。経済問題ではG7先進国首脳会議にEUが加わるなど、EU経済圏の大きな影響力が世界的に認識されていることは掛け値ない事実である。

国の枠を越えた経済機構としては、ほかにも10か国が参加する「東南アジア諸国連合（ASEAN）」、3か国が加盟する「北米自由貿易協定（NAFTA）」、5か国が加盟する「南米南部共同市場（Mercosur）」など、世界中でいくつかの大きな経済機構が形成されている。

EUに次いで多くの国が加盟する経済圏がASEANである。ASEANは東南アジア10か国（インドネシア、シンガポール、タイ、フィリピン、マレーシア、ブルネイ、ベトナム、ミャンマー、ラオス、カンボジア）が加盟する経済・社会・政治・安全保障・文化に関する地域協力機構である。2015年12月にASEAN経済共同体（AEC）が創設され、域内では9割を超える品目数で物品関税が撤廃されるなど、世界有数の経済圏に発展しつつある。

（2） FTA と EPA

　ASEAN 諸国との貿易と経済協力にために、日本、中国、韓国などのアジア諸国、アメリカを含む多くの国々が ASEAN 大使を任命し、本部のあるインドネシアのジャカルタに常駐させて密接な経済関係を構築している。しかしながら、それらの国々は ASEAN への加盟を協議しているわけではない。また、アジアの場合、各国間で政治体制、経済水準・環境などの隔たりが大きく、加えて中国や韓国には日本に対して第二次世界大戦の恩讐があるため、予見可能な将来において EU のようなアジア全体を一つにした単一経済圏を構築することは想定されない。

　そこで、複数国間で自由貿易協定（FTA: Free Trade Agreement）や経済連携協定（EPA: Economic Partnership Agreement）を締結し、関税をはじめとした貿易障壁を緩和する措置を講じることが検討される。FTA は、貿易関税及びサービスを含むその他の制限的通商上の障壁を取り除く二国間以上の国際協定である。さらに、FTA の範囲を人の移動、知的財産権の保護、投資やサービスの自由化など、幅広い分野に拡大して協力・連携を目指す発展形が EPA である。

　2018年3月に日本を含む11か国が協定に署名した TPP は複数国間の FTA であり、協定加盟国間で原則として例外を認めない貿易関税の相互撤廃を目指している。当初、シンガポール、ニュージーランド、チリ、ブルネイの4か国で2006年に発効した協定に、アメリカ、オーストラリア、ペルー、ベトナムが加わり、さらにマレーシア、メキシコ、カナダ、日本が加わって12か国で発効する見込みであったが、2017年1月にアメリカが離脱し、11か国の協定となった。アメリカが TPP 協定から離脱したために経済規模は当初の想定より小さくなったが、それでも11か国の GDP 合計は約10兆ドル（2017年）に上り、世界全体の約12％に相当する。中国の「一帯一路」経済圏構想（後述する）に対して、日本がサプライチェーンの拡大のために全力を挙げる構想が TPP である。

また、日本はTPPの発効前に離脱を決定したアメリカとの間で、2018年9月よりFTAのような包括的協定ではなく、対象を物流に掛かる関税に限定した協定交渉を行っている（日本は、この協定形態を物品貿易協定（TAG: Trade Agreement on Goods）と呼ぶ）。

　FTAやEPAのメリットは、貿易関税や投資に関わる障壁の相互の撤廃（引下げ）を通して協定国間の自由貿易の発展、産業規模の拡大（スケールメリット）、合理的な産業構造の構築、生産拠点の確保、それらによる生産性の向上、投資拡大、サービスの向上などによるサプライチェーンと市場の拡大である。一方、デメリットとして、自国の産業に競争上の優位性がない場合、相手国に産業や生産拠点が移転して自国産業が衰退する可能性がある。また、農産物の貿易自由化問題は、日本のような農産物の輸入国にとっては食料自給率といった国家の存立に関わる政策問題でもある。

　したがって、FTAやEPAの加盟や条約締結については、相手国がどの国であるのかということによりメリット、デメリットが異なり、条約締結の可否及び条件もそれによって異なってくる。また、国境を越えた経済圏の拡大は、EUにおけるギリシャ危機のように相手国の経済的失敗により足元を掬われるリスクがある。しかしながら、国力が経済力と財務力によって測られる国際政治の下で、国家の最重要政策は自国の産業と企業に対してグローバルなサプライチェーンの拡大の機会を提供することであり、FTAやEPA締結の動きは今後も続く。

(3)　中国の「一帯一路」

　産業革命以前の世界の最強国はスペインやイギリスではなく、中国の歴代王朝であったことは世界史の紛れのない事実である。阿片戦争以降に中国が欧米列強の侵略に晒され、さらに下位の国と蔑んでいた隣国の日本に日清戦争で敗れ、日中戦争（1937-1945年）によって軍事的に侵

攻されたことは中国人民にとって大きな屈辱であった。そんな中国が再び世界の強国となるために、国威発揚と大規模で野心的な経済政策を打ち出している。

国威発揚でまず利用されたのが「反日（中国では愛国主義）」である。また、他国の領海とEEZ（排他的経済水域）を通らなければ太平洋に出られないにもかかわらず、太平洋のアメリカと中国の二国による分割管理を主張するなど、新しい二大国の世界統治論を国民のナショナリズムの意識に刷り込もうとしている。

経済面では、人口13億人を擁し、1980年代以降の急速な経済発展によってアメリカに次ぐ世界第2位の経済圏に成長している。しかしながら、国民一人当たりのGDPなどの経済の豊かさを示す指標では日本を含む先進諸国の後塵を拝しており、国内経済の一層の発展を求めるとともに、海外にサプライチェーンと輸出市場の拡大を求めている。「一帯一路」と名付けられた経済圏構築構想は、東南アジア、中東、アフリカ、ヨーロッパに及ぶ地球規模の構想であり、中国が国を挙げて取り組んでいる。

15世紀半ばに始まった大航海時代以前は、経済圏の単位は国家であり、異なる文明間の交易は限定的であり途絶えることもあった。東西文明の交わりが容易ではない時代の交易として知られているのが、今日「シルクロード」と呼ばれるローマ帝国と秦・漢・唐の時代の中国、及び大航海時代以前のユーラシア全域との交易である。また、「シルクロード」には北方の「草原の道（ステップロード）」と南方の「海の道」がある。

「一帯一路」の目的は、中国の積極的投資によって現代版シルクロードを構築することである。「一帯」は陸上ルートによって中国西部から中央アジアを経由してヨーロッパに繋がるルート、「一路」は海上ルートによって中国沿岸部から東南アジア、インド、アラビア半島を経由してアフリカ東岸を結ぶルートであるが、中国は、現代版シルクロードによって石油をはじめとしたエネルギーと鉱物資源のサプライチェーンと

輸出品の市場確保が可能になる。

　陸上路の輸送手段としては鉄道が有効であり、既に中国とヨーロッパを結ぶ複数ルートの建設が始まっており、旅客輸送のための高速鉄道計画も進められている。また、海上輸送についても寄港地の港湾建設・施設の拡充が進められている。さらに、東南アジアやインドを回る南方ルートに加えて、ロシアによる北極海ルートと一帯一路の連結提案が検討されており、日本の釧路港がアジアの玄関口となる計画もある。

　スエズ運河、アメリカ横断鉄道、パナマ運河などの大きなプロジェクトがイギリスやアメリカの繁栄とグローバリゼーションを大きく前進させてきたが、一帯一路はそれらに匹敵する、あるいはそれらを上回る大きな果実を中国にもたらす可能性がある。壮大な計画実現のためには巨額の資本が必要になるが、中国はそのための準備にも抜かりがない。

　計画に参加する諸国もインフラ整備等に大規模な投資が必要になるが、すべての国が中国のように資金が潤沢ではない。ここでも中国は強かで、不足を補うために中国主導でアジアインフラ投資銀行（AIIB）を設立している。2015年12月に1,000億ドルの資本金で創設されたAIIBは、アジア開発銀行（ADB）の67か国を上回る93か国（2019年1月）がメンバーとなり、加盟国に対して活発な融資を行っている。ほかにも、中国・ユーラシア経済協力基金、シルクロード基金などが設立され、AIIBとともに一帯一路に加わっている国々のインフラ投資及び中国政府による経済援助が行われている。

　保険の手配についても自由主義経済圏の資本に頼らない体制整備が進んでいる。なお、AIIBのメンバーにはADBを主導する日本とアメリカは加わっていないが、自由主義経済圏からドイツやイギリスなど中国との貿易量が大きな国が多数参加している。

　自国通貨を国際的商取引の決済通貨として用いることのメリットについては第2章及び第3章でイギリスとアメリカの例によって説明してお

り、EUにおける共通通貨ユーロを導入することの意義についても触れたが、中国は既に自国通貨を国際決済通貨とすることを可能にしている。IMFより特別引出権を付与された国際準備通貨は、従来アメリカドル、イギリスポンド、ユーロ、日本円の四つの通貨であったが、2016年10月に人民元が追加されて五つの通貨となった。これによって中国は貿易決済通貨に自国通貨を用いることが容易になり、中国との貿易の利便性を高めることができる。一帯一路に関するそれら全ての計画が中国のサプライチェーンと輸出製品の市場確保のための重要戦略である。

（4） イギリスのブレグジットとアメリカの保護主義政策

　2010年1月にギリシャ財政危機が表面化し、それに続いてポルトガル、イタリア、アイルランド、スペイン、キプロスの財政も厳しい状況にあることが判明したときには、EUの共通通貨ユーロの信用不安が囁かれた。EUの壮大な実験によって、複数の国が共同で経済圏を形成することの難しさが明らかになったが、それでも多くの国々、地域経済圏がFTA、EPAによって双方向の経済活動の拡大に向けて働き掛けを強めている。一方、最近のイギリスやアメリカを中心とした保護主義的動きから、自由貿易が今後も拡大してゆくという認識に反論があるかもしれないので、少しそのことに触れておく必要があろう。

　イギリスは2016年の国民投票によってEUからの離脱（ブレグジット）を決定し、2019年10月末をもって離脱することが決定している（本書執筆時点）。ドイツとフランスが主導するEUの居心地の悪さと世界的な経済の低成長、低金利時代を背景にイギリス国民が下した選択が、EUから離れてEUを含む各国と自由に貿易協定を結び、移民の受け入れとEU諸国からの労働者の流入を制限してイギリス労働者に仕事を取り戻し、EUへの負担金を浮かすことで経済・財政状況を改善できるという考えである。

しかしながら、EUは体制維持のためにイギリスの主張をそのまま受け入れるわけにはいかない事情がある。イギリスがEUを含む各国との貿易協定を希望条件で締結できない場合、ブレグジットのマイナス面が大きくなる。すなわち、EU域内のパスポート（ヒト、モノ、カネの自由な移動）が失われる、あるいは大幅に制限されることによってイギリス企業の市場規模が縮小し、イギリスにヨーロッパの拠点を置く外国企業がイギリスから引き上げることが予想される。特に、イギリスには自動車企業をはじめとして多くの海外資本がEU圏の生産拠点を置いているが、新たに10％の貿易関税が課される事態は企業の採算性を大きく揺るがすことになる。さらに、離脱に伴うEUへの高額の賠償金がイギリス経済と財政に重くのしかかる。

また、イギリスにおいてブレグジットを強く主張しているのは四つの連合王国のうち最大のイングランドのみであり、ウェールズは賛成派と反対派の双方に意見が分かれ、スコットランドと北アイルランドは離脱反対派が大勢を占める。スコットランドのイギリスからの独立運動の再燃、イギリス領北アイルランドとアイルランド（EU加盟国）の間に物理的国境を復活させずに問題解決が図れない場合の政治的混乱など、国家を分断する問題が発生すればイギリスの政治体制と経済が混乱に陥ることが予想される。

一方、EU諸国にとっても人口66百万人、約15％（EUのGDPに対するシェア）の経済規模を有するイギリスとの交易の自由度が大幅に下がれば経済への一定の影響は免れない。しかしながら、イギリスの離脱後もEUは世界最大級の経済圏であり、その重要性に基本的な変化はないものと考えられる。ブレグジットの世界経済危機への波及は否定できないものの、ブレグジットの成否はイギリス経済の浮沈と企業のEU向けの生産拠点の問題にとどまり、グローバルなサプライチェーンと経済に長期的に重大な影響を及ぼす問題ではないと考えられる。

他方、アメリカにおけるナショナリズムと保護主義の台頭の背景には、アメリカのグローバリズム戦略の行き詰まりがある。2017年1月にドナルド・トランプが大統領に就任するとすぐに、加盟各国が協定発効準備に入っていたTPPから離脱し、返す刀でNAFTA（北米自由貿易協定）の条件見直しをメキシコ、カナダに迫った。また、中国、日本、ドイツ、韓国などに対して、貿易不均衡是正のために貿易品目ごとの関税率の見直しを要求し、条件の見直しに強く反発する中国とは貿易戦争の様相を呈している。世界の覇権国であり自由主義経済の旗振り役であるアメリカが自国の利益のために保護主義的な政策をとったことで、世界に衝撃が走った。

　アメリカが世界に輸出した民主主義とグローバリゼーションは多くの国でうまく定着せず、逆に国家間、国内の階層間の格差拡大を招き、国内対立やアメリカに対する敵対意識の醸成を招いている。2001年9月11日に発生した同時多発テロは、アメリカが輸出した正義と価値観、経済システムに対して強い反感を抱いたテロ組織、アルカイダによって引き起こされた。この頃のアメリカはまだグローバリゼーションをリードすることの正義と先行メリットを確信しており、「ひずみ」は表面化していなかった。しかし、それから15年後の2016年の大統領選挙ではアメリカの様相が異なっていた。

　世界最大の経済大国かつ消費市場であるアメリカの経済政策の大転換の影響は、世界中のグローバル企業とそのすべての取引企業に及ぶ。アメリカへの輸出をアメリカ国内での生産に切り替えれば、既にアメリカ以外の国での工場建設などに投下した資本の相当部分が回収できなくなる。また、工場の閉鎖に関わる費用、解雇される従業員に対する賠償費用などが生じる。さらに、アメリカでの新たな工場建設費用、従業員の教育・訓練費用が発生するほか、人件費の大幅な上昇による収益性の低下が予想され、価格競争力を失う懸念もある。一方、アメリカ国外から

アメリカへの輸出を続ける場合、高額の関税が掛けられることになる。したがって、企業経営にとってアメリカ政府の要請を受け入れるかどうかは非常に難しい問題である。

アメリカはかつて、モンロー主義によってヨーロッパ諸国との相互不干渉を宣言し、長らく孤立主義をアメリカの外交政策の基本方針としてきた。第一次世界大戦参戦以降は積極的に海外との関係を拡大して世界覇権を確立したが、アメリカは今も世界で唯一孤立主義をとることができる国である。アメリカには3.1億人の人口と世界最大の消費市場があり、食料、エネルギーを自給し、巨大資本が競ってイノベーションを促進して先進の産業技術を連続的に生み出す環境が確立されている。さらに、外交上も世界最強の軍事力を擁し、ヨーロッパ、アジアから大西洋、太平洋によって遠く離れているので他国から攻められる可能性も低い。したがって、自国単独でも経済的繁栄を実現できるにもかかわらず、グローバル経済の推進によって自国で享受できるはずの豊かさの大きな割合が海外に流出しているとすれば看過できない、ということになる。

世界経済に占めるアメリカ経済のシェアは、中国をはじめとした新興国の経済発展によって幾分低下しているが、それでも2017年のGDPは世界の約1／4を占める。また、アメリカドルの国際決済の基軸通貨としての信認度、金融市場の影響力などから、アメリカが自由経済・自由貿易主義から保護貿易主義に転換した場合の世界経済と企業経営への影響は非常に深刻なものとなる。しかしながら、アメリカが「アメリカ・ファースト（アメリカ第一主義）」のためにモンロー主義体制に戻れるか、というとそうではない。

前述のとおり、多額の貿易赤字の相手国である中国や日本はアメリカ国債を大量に購入してアメリカ財政を支えており、その仕組みを根本から見直すことになれば政治的・経済的大混乱は避けられず、アメリカにとっても痛みが大きくなる。アメリカが世界に推し進めたグローバリゼ

ーションによって、アメリカといえども世界を無視して孤立主義を押し通せる環境ではなくなってきている。したがって、アメリカのナショナリズムや保護主義は、アメリカの雇用状況と経済活動のひずみの調整に有効であるとしても、長期的視点から成長の維持や財務基盤の健全性の確保とはならない。トランプ政権が目指していることは、自由主義から保護貿易主義への戦略転換ではなく、貿易不均衡の是正とサプライチェーンの再構築であり、保護主義的政策はそのための戦術にすぎないと見るべきであろう。

第Ⅱ部

第6章 サプライチェーンと事業中断

　第Ⅰ部では、サプライチェーンの重要性についてイギリス、アメリカ、日本の経済発展の歴史を振り返りながら確認してきた。そして、第Ⅱ部に入って第5章では時計の針を前に進め、グローバリゼーションと高度なITの普及によって、広域にわたる効率的なサプライチェーンの構築と運営の重要性が更に高まってきていることを説明した。サプライチェーンの重要性の増大に伴い、それが寸断された場合の企業経営に対する衝撃度はわずか数十年前との比較においても格段に大きくなってきている。

　すなわち、グローバル経済の進展によってサプライチェーンが拡大し、ITとコンピュータによって時間の重要性が高まり、企業活動全般が一元的に管理される中で、企業経営はサプライチェーンに不測の事態が発生した場合に脆弱であるということである。ITは企業活動の拡大と効率化に非常に重要な役割を果たしているが、一方ではサイバー事故という数十年前には意識しなかったリスクが重大化している。また、大規模自然災害リスクは伝統的リスクであるが、地球温暖化による海水面温度と海面水位の上昇によって気象災害が激化し、これまでとは脅威レベルが異なってきている。

　サプライチェーンの寸断による事業中断リスクの重大化に対して、しっかりSCMを行う必要があるが、事故の発生要因は様々でありリスクの把握と対応が非常に難しい。難しい作業であるが、難しく複雑なリスクをコントロールし、不測の事態にもうまく対応することができれば、企業の大きな強みとなる。本章では、サプライチェーンの事故の主要原因を洗い出し、事故をどのように防ぎ、資本準備とリスクヘッジによっ

ていかにインパクトを許容範囲内に抑えるか、ということについて検討を行う。

1. 事業中断リスクの重大性

　事業中断リスクの分析・評価は、その複雑性のためにリスクの専門家も及び腰になりがちで、見て見ぬ振りをされることがある。日本企業はグローバルなサプライチェーンに支えられているにもかかわらず、リスクへの対応を必要経費としてではなく利益を圧迫する要素として捉える傾向が強く、建物や生産ラインへの直接的損害リスクに対しても過少保険の傾向がみられる。まして、事業中断リスクについては重大性の認識が薄く、保険付保は更に限定的である（後述する）。

　事業中断リスクが近年重大なリスクとして認識されるようになってきた背景には、グローバリゼーションと高度なITの普及による企業活動の多様化と範囲の拡大、多国籍化などによってサプライチェーンの複雑化が進行していることがある。また、生産効率を高めるために原材料、燃料、部品などの在庫を極力抑える「ジャスト・イン・タイム」経営方式がグローバルスタンダードとなっているため、事業中断期間が長くなる場合には中断期間の逸失利益と追加費用が嵩み、納付期限を守れなければ取引関係が見直され、企業経営の継続が困難になる恐れがある。

　事業中断リスクに重大な関心が寄せられるもう一つの理由が、物理的損害を伴わない事業中断リスクが重大化していることである。2011年は東日本大震災とタイ洪水という二つの世界的大災害が起きた年であるが、いずれの災害でも工場地帯を含む広域が被災し、交通インフラを含む社会インフラが長期間にわたって麻痺したために、被災を免れた企業・工場も操業を停止し、国内外の取引先への部品供給が滞った。

　東日本大震災では、経済損害額が16.9〜25兆円（内閣府、福島第一原子

力発電所事故関連損害を含まず）とされるが、保険及び共済からの支払い合計は3.1兆円（筆者推計）[19]にすぎない。保険からの回収額は復旧に十分な金額とは言えず、政府は復興期間（2011-2020年）に経済損害額を上回る総額32兆円を復興予算として準備し、前半の5年間で既に29兆円（福島第一原子力発電所事故に関する復興予算外の汚染除去費用4.4兆円を含む）が支払われている。

すなわち、16.9〜25兆円の経済損害に対して、政府支出の32兆円と保険金回収の3.1兆円の合計35.1兆円が費やされ、これに被災した個人や企業の負担、金融機関や一般投資家・取引先企業などの債権放棄額が加わる。防災とリスク移転をもう少し行い、企業の事業中断期間を短くして倒産、廃業、経営規模の縮小を軽減できていたならば、必要金額はこれほどまで巨額化せず、復旧・復興は現状よりスピード感を持って進められたはずである。

事業中断を早期に解消できない場合には、様々な事象が連鎖的に発生するドミノ現象を引き起こし、事業の再開は一層困難になる。連鎖の段階は大きく次の三つの段階に分けられる。

　第一段階：建物や生産ラインに物理的損害が発生し、事業中断もしくは操業規模の縮小によって売り上げ・利益が減少し、第三者賠償責任や様々な応急費用が発生する。ここで収束できない場合には次の段階に移行する。

　第二段階：キャッシュフローや株価など財務基盤の毀損を招き、さらにその間にも従業員給与や借入金の返済などの債務の支払いによって損失の悪化が急速に進む。第二段階での収束は第一段階での収束より困難になるが、ここでも収束できない場合には第三段階に移行する。

---

[19] 石井隆『最後のリスク引受人2　日本経済安全保障の切り札』（保険毎日新聞社、2013年）

第三段階：売上げがない中で様々な支払いが嵩んで財務基盤が大きく損なわれ、契約の不履行によって市場からの信頼を喪失する。事態の収束は更に困難性を増し、第三者からの救済など、状況を大きく改善する手段が講じられなければ、経営破綻に追い込まれる。

　サプライチェーンの寸断やサイバー事故など、物理的損害を伴わない事業中断の場合は、第二段階から損害が発生するが、原因の特定が難しく予め対応を準備することが難しい。実際の事故例を見ると、物理的損害額より事業中断による損害額の方が大きいケースが多く、物理的損害を伴わない場合にも事業中断によって企業の経営基盤が大きく損なわれる（関連説明を後述する）。

　〈図表4〉は、2018年に世界的保険会社のAllianzが80か国のリスク専門家1,900名余りを対象に行った世界のビジネスリスクの調査結果である。「事業中断リスク」が10大ビジネスリスクの中でトップに挙げられており、6年連続で第1位にランクされている。ビジネスリスクの最大の懸念がサイバー事故でも自然災害でもないことは多くの読者にとって驚きかもしれないが、世界のリスクマネジメントの専門家の最大の懸念が事業中断である。

〈図表4　2018年　世界の10大ビジネスリスク〉

順位	リスク	意識の割合
1	事業中断 （サプライチェーンの寸断・脆弱性を含む）	42% ◀▶ 2017年：37%（1位）
2	サイバー事故 （サイバー犯罪、IT障害、データ侵害等）	40% ▲ 2017年：30%（3位）
3	自然災害 （暴風、洪水、地震等）	30% ▲ 2017年：24%（4位）
4	市場動向 （不安定性、競争激化／新規参入者、M&A、市場停滞、市場変動）	22% ▼ 2017年：31%（2位）

5	法規制変化 （政権交代、経済制裁、保護主義等）	21% ◀▶ 2017年：24%（5位）
6	火災・爆発	20% ▲ 2017年：16 %（7位）
7	新技術 （拡大する相互接続の影響、ナノテクノロジー、人工知能、3Dプリンティング、ドローン等）	15% ▲ 2017年：12 %（10位）
8	評判・ブランド価値喪失	13% ▲ 2017年：13%（9位）
9	政治的リスク・暴力 （戦争、テロ等）	11% ▼ 2017年：11%（8位）
10	気候変動、異常気象の増加	22% ▲ 2017年：6%（14位）

出典："Allianz Risk Barometer 2018" Allianz Global Corporate & Specialty
注：「%」は回答参加者が複数回答を行っているため合計が100%にはならない。

　事業中断による損害の重大性は、保険金の支払いデータかも明らかである。Allianzの平均保険金請求額の分析では、大口の事業中断（BI：Business Interruption）保険損害平均額は240万ドル（2億6,400万円）に達しており、対応する直接的財物保険損害額の平均175万ドル（1億9,250万円）を37％も上回っている[20]。保険金支払額の例からも、事業中断による損害の重大性を正しく認識することが重要である。

　BI損害額が高額になる理由として、一度事業中断が起こると様々な費用が発生することがある。〈図表5〉は、事業中断が起きたときに発生する費用を表したものであるが、中断期間が長期間に及ぶ場合には売上げが落ち込む一方で様々な費用が加速度的に膨らむ。そして、信用とブランドが損なわれる事態に発展する場合は、企業の存続に対して致命傷になりかねない。

　次に挙げる〈図表6〉は、Allianzの調査による事業中断の上位5つの原因リスクである。事業中断が起こればサプライチェーンに重大な問題が発生する。同じく、サプライヤーからの供給が中断した場合には事

20　Global Claims Review: Business Interruption in Force, Allianz Global Corporate & Specialty

〈図表5　事業中断に伴う主な費用〉

費用	種類
生産性費用　(Productivity Loss)	多数の従業員による時間報酬の超過
収益損失　(Revenue Loss)	・直接収益損失 ・賠償の支払い ・将来収益の損失 ・支払い済みの損失 ・投資収益損失
毀損されたファイナンシャル・パフォーマンス (Impaired Financial Performance)	・収益認識 ・キャッシュフロー ・ディスカウントの損失（未払い金） ・支払い保証 ・クレジット ・レーティング ・株価
ダメージを受けたレピュテーション (Damaged Reputation)	・顧客 ・サプライヤー ・金融市場 ・銀行 ・ビジネスパートナー
その他費用　(Other Expenses)	・臨時雇用従業員・機器のレンタル・オーバータイムコスト

原資料：Gartner, High Availability Networking, September, 2002
出典：『先進企業から学ぶ企業リスクマネジメント 実践テキスト』2005年3月経済産業省

業中断を引き起こす。事業中断とサプライチェーンの寸断は非常に密接に関係しており、事業中断とサプライチェーンの寸断を引き起こす双方の原因リスクについて、正しく把握することが重要である。

　事業中断の原因リスクは二つのグループに大別される。すなわち、第2位の「火災・爆発」、第3位の「自然災害」、第5位の「機械障害」は、企業の施設や生産ラインに物理的損害が発生し、それによって事業中断が発生するリスクである。もう一つのグループには、第1位の「サイバー事故」と第4位の「サプライヤーの供給中断」リスクが含まれ、それらは必ずしも物理的損害を伴わず、サプライチェーンの寸断によって深

第Ⅱ部

〈図表6　2018年事業中断の原因リスクトップ5〉

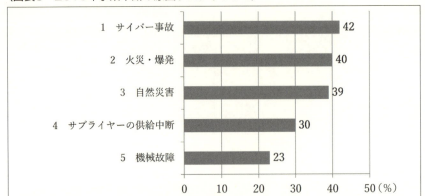

注：回答した参加者（845名）の割合を示す数値。3回答まで可能
出典：Allianz Global Corporate & Specialty

刻な事業中断を引き起こす。サプライチェーンの寸断リスクは、製品の納入期限をはじめとした契約条件の履行を厳しく求めるスピーディーな経済社会の進展によって重大化する傾向がある。また、ほかにもここ数年世界経済が大きく振り回されたホットなリスクである「法規制の変化」や、「人工知能（AI: Artificial Intelligence）をはじめとした新技術の開発・導入」などが挙げられる。

　また、物理的損害を伴う伝統的なリスクの中にも認識を改める必要があるリスクがある。人間は文化的社会生活を送るために経済活動を行い、その副産物として温室効果ガスを大量に排出している。その結果、気候変動が起こり、気象災害の脅威レベルがこれまで人類が経験したことのないレベルに高まってきている。問題解決には国際社会が一致して温室効果ガスの排出量を現在の半分以下にするしかないが、それを直ちに行うとしても今後数十年間は気象災害が激化する。気象災害は、事業中断及びサプライチェーンの原因リスクとしても重大性が増している。

　まず物理的損害を伴う伝統的事業中断リスクの代表的な例として「気

候変動」の説明を行い、次に近年急速に重大性が高まっている物理的損害を伴わないリスクとして「サイバー事故」「サプライヤーの供給中断（サプライチェーンの寸断）」「法規制の変化（政権交代、経済制裁、保護主義等）」「AIをはじめとした新技術の開発・導入」について説明する。

2. 気候変動

スウェーデンにあるグローバルチャレンジ財団が、フューチャーヒューマニティー研究所、オックスフォード大学、各分野の科学者、専門家などとともに2015年2月に『12 Risks that threaten human civilization（人類文明を破滅に導く12のリスク）』[21] と題したレポートを発表し世界中に衝撃を与えた。レポートでは、人類文明にとっての最大の脅威は「極端な気候変動」であり、核戦争以上の脅威であるとしている。

筆者は、文化的社会が破滅に至る前に人間は解決策を見つけると信じているが、予見可能な将来において、気候変動とその現象としての気象災害の激化が社会生活と企業活動に重大な影響を及ぼすことは避けられない。また、自然災害の発生には地域性があるとしても、サプライチェーンがグローバル化しているために、どこかで巨大自然災害が起これば世界中の多くの企業活動と経済に重大な影響が及ぶ。巨大自然災害の特徴はそのインパクトの大きさにある。被災地域が広域にわたり、多くの人的被害と構造物への物理的被害が発生し、道路、鉄道、港湾施設、上下水道、電力、ガスなどの社会インフラも大きなダメージを受けるため、被災地の経済活動が長期間にわたって停滞する。

人類の歴史は自然災害との戦いの歴史でもある。自然は人類に様々な恵みを与えてきたが、時に人々を苦しめてきた。人間社会は、地震、津

---

21 "12 Risks that threaten human civilization" by Global Challenges Foundation, February 2015

波、火山噴火、台風、洪水、高潮、豪雪、干ばつなどの自然の脅威に対して、河川や海岸に堤防・防潮堤を築き、建物の耐震構造、耐火素材の研究を行い、灌漑用のダムや溜池を建設して防災に努め、保険制度を利用して経済的に備えることを考え出した。しかしながら、それでも自然災害の脅威はその巨大性と広域性から人間の対応力を超える。さらに重要な問題は、人間の経済活動によって地球温暖化を引き起こし、気候変動と気象災害の脅威を大きくしてしまったことである。

なお、経済活動に対する自然災害の脅威として、特に高い関心が払われているリスクが気象災害（洪水、風災等）と地震・津波、火山噴火であるが、本書では脅威度が大幅に増大している気象災害の企業活動への影響について説明を行うこととし、地震・津波、火山噴火については気象災害の説明のために触れることにとどめる、

第二次世界大戦以降の人類史において、最大の犠牲者を出したのが2004年にインドネシア沖で発生した巨大地震・津波で、スリランカ、インドネシア、タイなどを中心に22万人が犠牲になった。そして、2008年のハイチ地震の15.9万人、ミャンマーを襲ったサイクロン・ナルギスの14万人、1991年にバングラデシュを襲ったサイクロンの13.9万人が続く（Munich Re NatCatService 調査）。

また、被害額では、最大の災害が2011年の東日本大震災で経済損害額は2,100億ドル（23.1兆円）に達し、2005年にアメリカのメキシコ湾岸諸州を襲ったハリケーン・カトリーナ（経済損害額：1,250億ドル（13.75兆円））がそれに続く。また、2017年にアメリカを襲った三つのハリケーン（ハーベイ、イルマ、マリア）の経済損害額合計は、2,150億ドル（23.65兆円）に達している（Munich Re NatCatService 調査）。

ハリケーン・カトリーナでは、ルイジアナ、ミシシッピ州などで1,800人以上が亡くなり、約120万人が避難を強いられている。ニューオリンズ周辺の湖及び工業用水路の堤防が複数個所で決壊してニューオリ

ンズ市の8割が水没し、経済は壊滅的被害を受けた。被災から10年後の2015年のニューオリンズの人口は38万人で、被災前の人口より約2割減少しており今も影響が残る。近年は人口が増加傾向に転じているが、巨大災害に見舞われれば世界で最も豊かな国においても復旧には10年単位の期間を要する。

　また、カトリーナではアメリカの石油産業が集中するメキシコ湾岸地域とその背後の穀物地帯も大きなダメージを受けている。原油精製施設が被災によって数か月間の生産停止に追い込まれ、石油供給量が減少して石油価格が上昇し、アメリカ政府は戦略的備蓄石油の石油会社への貸し出しを行い、国際エネルギー機関（IAE）も緊急石油備蓄の放出を行っている。また、穀物価格も生産量が落ち込んだために上昇している。

　ハリケーン・カトリーナは歴史的巨大ハリケーンであるが、現実的な重大な懸念はカトリーナの再来ではなく、カトリーナ級、あるいはそれを超えるスーパーハリケーンが東海岸を北上してニューヨークを直撃することであり、その場合の被害は桁違いに大きくなる。2012年にニューヨークを含む東海岸の北部を襲ったハリケーン・サンディ及び2017年の三つの大型のハリケーン（ハーベイ、イルマ、マリア）は、人口密集度が高く、高度の産業価値が集中した大都市にスーパーハリケーンが襲来する想定が現実の脅威であることの警鐘である。

　2018年は日本で大型の自然災害が相次いだ年である。6月18日の大阪北部地震、6月28日から7月8日にかけての西日本豪雨、9月4日に徳島県に上陸し関西を横断した台風21号、9月30日に和歌山県に上陸し東海、関東、東北を駆け抜けた台風24号が日本各地で大きな被害をもたらした。また、9月6日には北海道胆振東部地震が発生している。中でも台風21号は1991年の台風19号以来の大型台風であり、上陸前には日本の気象災害史上最大の伊勢湾台風（1959年）の気象データとの比較も行われている。9月から10月にかけて毎週のように台風が日本列島に襲来し

たが、最大の問題は海水面温度が高いことであり、日本周辺においても気象災害の激化が進行している。

伊勢湾台風と並び、昭和の三大台風とされる室戸台風（1934年）、枕崎台風（1945年）は人間の経済活動の影響による気候変動が明確な現象として現れる前の台風であり、さらに、直近300年間で日本を襲った最大の台風とされるシーボルト台風は江戸末期（1828年）の台風であり、地球温暖化現象が起こる前の台風である。すなわち、地球温暖化が進行した現在、そしてさらに進行する将来、日本にそれらの歴史的台風を上回るスーパー台風が襲来する可能性が高くなってきているということである。

伊勢湾台風では高波と豪雨によって埋め立てられたゼロメートル地帯を中心に広い地域が浸水し、5千名を超える犠牲者（行方不明者を含む）を出し、名古屋・中京地域の経済活動が1か月以上活動停止状態に陥っている。さらに、道路や鉄道にも甚大な被害が発生し、東京と大阪を結ぶ流通が遮断されている。日本の近代的防災は伊勢湾台風がきっかけとなり、高度経済成長が追い風となって進められ、日本は防災の世界的先進国とされる。しかしながら、それでも万全ではないことは近年の災害の例で明らかである。また、海運の利便性の高い沿岸の平坦地には人口と高度な産業価値が集中するが、災害に対して弱い場所であることは今日も変わりない。グローバルなサプライチェーンのハブは、非常に高い気象災害リスクの上に構築されているということである。

気候変動問題の重大性が一層拡大してきた理由として、地球温暖化が今後もしばらく止めようもないことを述べた。IPCC（気象変動に関する政府間パネル）は、第5次評価報告書において2100年までの地上気温の変化及び海面水位の上昇について予測を公表しており、〈図表7〉及び〈図表8〉の二つのグラフは、地球の平均気温と海水面温度の上昇を示したものである。

〈図表7　1986-2005年平均に対する世界平均地上気温の変化〉

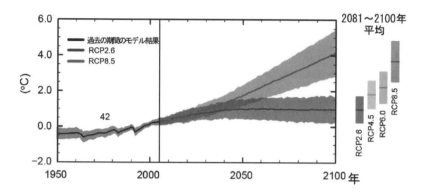

CMIP5の複数モデルによりシミュレーションされた時系列(1950年から2100年)
原出典：図, IPCC AR5 WG Ⅰ SPM Fig. SPM.7(a)
出典：IPPC　第5次評価報告書の概要、2014年　環境省

〈図表8　21世紀にわたる世界平均海面水位の上昇予測〉

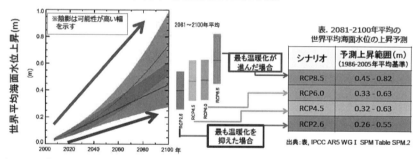

(1986-2005年平均との比較)
原出典：図, IPCC AR5 WG Ⅰ SPM Fig. SPM.9
出典：ICPP　第5次評価報告書の概要、2014年　環境省

　IPCCの予測では、温室効果ガスの排出量を低く抑えられない場合、今世紀末の地上気温は最大で4℃前後上昇する。また、気温上昇によって極地やグリーンランドの氷床、山岳地帯の氷河の融解が始まっており、ヴェニスや南太平洋上のツバルなどでは水没の危機に晒されている。今世紀末頃までに平均海水面は最大で82cm上昇すると予測されており、

海抜の低い地域の水没や海岸線の侵食が進行することになる。

沿岸地域の経済活動上の重要性は今後も変わることはなく、防潮堤、地盤強化、排水機能の向上などの様々な防災が進められている。問題は、現状では万全であっても何年か経つと防潮堤の嵩上げと強度の補強が必要になることである。気候変動が重大リスクとして世界的に再認識されている理由がここにある。

3. 物理的損害を伴わない事業中断リスク

SCMの困難性は、サプライチェーンの寸断が発生する原因の特定とすべての事態を想定して対応することが難しいことである。困難性が増している要因として、高度に発達したITに支えられたグローバリゼーションによって国際的分業が進んで企業のサプライチェーンが広く海外に拡大し、それが高い収益性を求めて日々変更されること、さらに、完成品が製造されて消費者に渡るまでに何層もの工程を経るために、物理的損害を伴わない事業中断リスクの重大化していることがある。また、サイバーリスクが出現して問題をより重大化させている。

代表的な物理的損害を伴わない事業中断リスクとして、「サイバー事故」「サプライヤーの事業中断（サプライチェーンの寸断）」「法規制の変化（政権交代、経済制裁、保護主義等）」について、SCMを行う上での困難性について説明を行う。また、今後重大化が想定されるリスクとして「AIをはじめとした新技術の開発・導入」について紹介する。

(1) サイバー事故

〈図表4〉のアリアンツ社の「世界の10大ビジネスリスク」調査で、サイバー事故が上位10以内に初めて登場したのが2014年で、12%を得て8位に入っている。それが、2015年に5位、2016年に第3位に上昇し、

2018年には回答率が40％に上昇して第２位になっている。また、〈図表６〉では「事業中断」リスクの最大の原因リスクがサイバー事故となっている。サイバー事故の重大な脅威は、サプライチェーンを寸断し事業中断を引き起こすことである。

　相互交換性を前提としたITが企業活動全般に深く入り込んだ今日において、ITシステムがダウンした場合の影響は計り知れない。多くの企業が利用するインターネットがダウンすれば、その脅威は自然災害と同様に多くの企業に及ぶことから「サイバーハリケーン」とも呼ばれる。被害はダメージを受けたシステムの復旧と部品の交換費用にとどまらず、むしろそれ以上に、事業中断による売り上げ及び利益の喪失、顧客及びその他のステークホルダーへの損害賠償、ブランド力の低下など様々な問題を引き起こすことが重大な懸念である。また、グローバルな金融システムがダウンした場合には、代金の支払い、債権のデフォルトなど金融取引に重大な問題が発生し、金融危機に発展することも考えられる。

　上下水道、電力、ガス、交通、通信システム等の社会の重要インフラがサイバー事故によって麻痺した場合には、企業活動はもとより影響は社会生活全般に及び、警察、消防、行政機関、病院、学校などの公共サービスが機能停止すれば国民生活や生命の安全にも影響が及ぶ。さらに、国家の防衛システムや政府の中央機関が外国からサイバー攻撃を受けた場合には、外交問題・戦争にも発展しかねない。

　意識の高まりの背景には近年のサイバー攻撃の増大と規模の拡大、悪質化がある。サイバー攻撃は、サイバーテロとも呼ばれるように悪意を持った内部者及び第三者の人為的行為であり、その特徴は攻撃者と手法の特定及び攻撃を止めることが難しいことである。発生頻度は増加の一途をたどり、全世界の攻撃回数は既に天文学的な回数になり、攻撃の範囲、巧妙性、与えるダメージも増大している。

　Petya、WannaCryなどのランサムウェアによって金融機関や大規模

なクラウドシステムを標的としたサイバー攻撃が激しさを増し、100万単位、億単位の個人情報が流出し、事業中断や損害賠償問題が起こる例も数多く報告されている。実際に被害が発生した件数だけでも、世界で年間数万件のサイバー攻撃が発生しているものと推定される。

　高額の損害が発生した事例も多くある。2017年に製薬メーカーのMerckがNotPetyaランサムウェアによって攻撃されたケースでは、ワクチンの生産に問題が発生して薬品不足が起こり、2億7,500万ドルの保険金支払いが見込まれている[22]。また、同年に運送会社のMoller-Maerskの港湾ターミナルが攻撃されたケースでは、同社の世界中の港湾施設が稼動を停止し、損害額は最大3億ドルに達すると見込まれている[23]。さらに、2017年5月に始まったワーム型ランサムウェアのWannaCryの攻撃では、約150か国の30万台以上のコンピュータが感染している。コンピュータの身代金としてビットコインを要求する手口で、被害総額は最終的に80億ドルに達したとされる[24]。

　政府機関が関与する事例も多くある。2014年11月に発生したソニー・ピクチャーズ・エンターテインメント社（アメリカ）へのサイバー攻撃は、北朝鮮政府機関が関与した攻撃であるとアメリカ連邦捜査局（FBI）が断定しており、役員、従業員、家族の個人情報、経営情報、未公開映画（金正恩の暗殺を描いたコメディー映画『ザ・インタビュー』）のコピーの流出による映画公開の遅れなどで高額の損害が発生している。また、2017年5月10日にアメリカの上院議会国土安全保障・政府問題委員会では、情報セキュリティーソフト大手のシマンテックの幹部が「北朝鮮に拠点を持つグループがバングラデシュ中央銀行から不正に8100万ドルを引き出した。」と証言している。ほかにも、2016年のアメリカ大

22　Reuters: October 19, 2017
23　Financial Times: August 10, 2017
24　Aon Benfield Cyber Analytics: May 22, 2017

〈図表9　ウェブアプリケーションに対するサイバー攻撃の発信国と標的国の上位10か国——2017年第四四半期（2017年9月〜12月）〉

サイバー攻撃発信国			サイバー攻撃標的国		
順位	国名	回数	順位	国名	回数
1	アメリカ合衆国	128,013,378	1	アメリカ合衆国	238,643,360
2	オランダ	47,433,432	2	ブラジル	21,900,411
3	中国	28,171,775	3	イギリス	19,385,710
4	ブラジル	22,945,844	4	カナダ	17,459,934
5	ロシア	18,370,802	5	ドイツ	13,432,389
6	ウクライナ	17,182,960	6	中国	11,906,342
7	インド	16,489,773	7	インド	11,546,530
8	ドイツ	13,046,096	8	日本	10,510,981
9	イギリス	12,790,735	9	オーストラリア	9,758,428
10	カナダ	12,634,269	10	香港	5,733,649

出典：Akamai "[State of the internet] / Security" Q4 2017 Report

統領選挙においてロシアの政府機関が関係するハッカー集団がサイバー攻撃を仕掛けて大統領選挙に干渉した疑いが持たれている。

　サイバー攻撃に関する最大級の被害想定として、Lloyd'sは2017年のレポートで、クラウドシステム上で最大530億ドル、コンピュータのオペレーティングシステム上で287億ドル、合計817億ドルの経済損害が発生する可能性があるとしている[25]。このような大規模な事故が発生すれば、サプライチェーンの寸断と金融システムのダウンによって多くの企業及び金融機関が経営破綻し、連鎖によって経済危機が起こる。

　〈図表9〉は、大手のCDNサービスプロバイダーのAkamaiによる2017年第四四半期（2017年9月〜12月）のウェブアプリケーションに対するサイバー攻撃の調査で、発信国と標的国の上位10か国を示したものである。

25　Lloyd's: Emerging Risks Report 2017, Technology, "Counting the cost, Cyber exposure decoded"

件数の多さとともに発信国と標的国の顔ぶれが注目される。すなわち、サイバー攻撃の発信国の上位に人口1,700万人のオランダが第2位に、紛争が続くウクライナが第6位に入っていること、そして、標的国には中国と日本が入っていることである。

世界最大の経済圏であり、様々なイノベーションが次々に開発・導入されるアメリカが攻撃の標的国の圧倒的な第1位になっていることに驚きはなく、攻撃発信国としても第1位になっている。また、経済発展に懸命な中国やブラジル、IT技術の先進国でもあるインドが攻撃発信国の上位に入っていることも頷ける。一方、ヨーロッパの小国オランダやウクライナが攻撃発信国の上位に入っていることは、地政学問題と当局の規制の寛容度の問題が大きく関係していると考えられる。

標的となるのは最先端技術を有するグローバル企業や金融情報が持ち込まれる市場であり、ニューヨークに次ぐ国際金融市場を有するイギリスが第3位、香港が第10位に入っている。また、標的国の上位に中国と日本が入っていることは、PetyaやWannaCryなどの大仕掛けのランサムウェアは数十の言語で世界中に攻撃を仕掛けるために、欧米言語とは異なる中国語や日本語で運用してもサイバー攻撃から逃れることはできないことを示している。

(2) サプライヤーの供給中断（サプライチェーンの寸断）

2011年の二つの世界的自然災害の例を簡単に振り返ってみたい。東日本大震災とタイ洪水では、多くの企業が地震・津波で破壊され、あるいは浸水によって建物や生産ラインに多大な被害が発生したが、被災しなかった多くの企業もサプライチェーンの寸断によって事業中断に追い込まれている。

東日本大震災では日本の関東以北の約400kmの沿岸地域が強い揺れと大津波に襲われ、IT関連、自動車部品、機械、化学メーカーなど多

くの企業が被災している。道路、鉄道、港湾施設も被災したことにより燃料・原材料の搬入や製品の輸送が困難になり、操業可能であった企業も事業中断を余儀なくされた。その結果、取引先への部品・製品の供給が滞り、取引先企業に重大な影響が及んでいる。サプライチェーンの寸断によって事業中断や生産規模の縮小に追い込まれた会社には、日本企業のほかにGM、フォード、3Mなどの海外の世界的自動車メーカーや化学メーカーが含まれる。

タイで発生した大規模な洪水では、首都バンコックと近接の工場地帯を含む広い地域が数か月に渡って浸水している。タイには自動車、家電、精密機械、IT、ハードディスク（HDD）をはじめとした世界的企業が生産拠点を置いており、サプライチェーンの寸断による経済活動への影響は東日本大震災を上回ったものと見込まれる。中でもタイはHDDの主要メーカーの多くが生産拠点を置く世界最大の生産地（2011年：世界シェアの約25％）であり、タイの工場の長期間の操業停止によって世界のパソコンの出荷台数が大幅に落ち込むなど、影響が全世界に及んでいる[26]。

また、2015年に中国天津市の港湾地区で起こった大規模な火災・爆発事故では、多くの死傷者の発生に加えて、地区内で保管されていた多くの自動車メーカーの新車が激しく損傷している。被害を受けた主な自動車メーカーとして、トヨタ、富士重工、マツダなどの日本メーカーやルノー、フォルクスワーゲン、現代などがある。さらに、天津港の港湾機能が麻痺したために天津港を介していた物流に大きな影響が発生し、天津近郊で生産の中断を余儀なくされた工場が出たほか、業務用の洗剤・固形燃料の製造販売を行う日本企業のニイタカが飲食店向けの固形燃料を輸入できなくなったことが報道されている[27]。

---

26 石井・前掲注19
27 日本経済新聞2015年9月26日

企業間の価格競争が激化する中で、国際分業の状況は東日本大震災とタイ洪水が起こった2011年、天津爆発事故が発生した2015年より更に進んでおり、複雑化傾向はこれからも続く。さらに、工業製品の完成までには何層もの工程を経るために、世界のどこかで大規模な自然災害や大きな火災・爆発事故が起こった場合には、高い確率でサプライチェーンに影響が及ぶ可能性があり、負の連鎖が発生することも想定される。

サプライチェーンの寸断はほかにも様々な原因で発生する。政情不安や海賊行為、パンデミックによっても輸送ができなくなる。ここでは、政情不安によるサプライチェーン寸断の例を紹介する。

1973年に第四次中東戦争が起こり、その影響で石油輸出国機構（OPEC）加盟国のうちペルシャ湾岸の6か国が原油価格を大幅に引き上げ「オイル危機」が起こった。原油価格の高騰と供給不足、風評によって日本ではトイレットペーパーや洗剤の買占めが起こっている。1979年のイラン革命の際も原油需給が逼迫し、原油価格が高騰している。イランから大量の原油を輸入していた日本では供給不足が発生し、ガソリンスタンドは日曜・祝日休業し、日本政府は省エネを呼びかけている。なお、オイル危機は日本の経済成長に一時的にブレーキを掛けたが、苦境は日本人のイノベーションを大いに奮い立たせ、自動車や家電、様々な動力の省エネ技術を開発し、省エネ技術は日本の「ものづくり」の強みとなった。

中東の石油の安定供給問題は、ペルシャ湾に積み出し港があることと関係がある。ペルシャ湾岸諸国で産出する石油のアジアへの輸送には石油タンカーが使用される。ホルムズ海峡はペルシャ湾とオマーン湾の間にある海上通行の難所である。北はイラン、南はオマーンの飛び地に挟まれて最も狭いところの幅は約33kmしかなく、水深も75-100mと浅い。大型タンカーの航行には余裕がなく、衝突事故を避けるために幅3kmの航行出入レーンが設けられている。また、ホルムズ海峡からペル

シャ湾に入るとイランとアラブ首長国連邦が領有権係争中であり海上通行の難所でもある大トンブ島、小トンブ島付近を通らなければならない。イラン・イラク戦争（1980-1988年）では狭いペルシャ湾でタンカー攻撃が行われ、湾岸戦争（1991年）では海上通行の要所に機雷が設置され、戦争終了後に日本の海上自衛隊の掃海艇が機雷除去作業に派遣されている。

その後も中東地域では政情不安が続き、スンニ派のサウジアラビアとシーア派のイランの二大国の地域覇権争いにイスラエルと近隣諸国の対立が複雑に関係し、緊張状態が続いている。イランの核開発問題をめぐるアメリカとの対立では、アメリカによる経済制裁の発動によって日本を含む自由主義経済圏諸国が同調制裁を実施している。また、シリアの内戦とアルカイダ、ISなどのテロ組織の活動によっても石油の採掘と輸送に支障が生じる懸念がある。

ペルシャ湾で紛争が起こることを回避するために、アメリカは原子力空母を中心とする空母打撃軍を配備し警戒態勢を継続しているが、更なる緊張状態の高まりや偶発的衝突が起こればペルシャ湾岸諸国からの石油輸入に大きく依存する日本、中国、韓国などのアジア諸国の経済は大きな打撃を受け、アジアから世界へのサプライチェーンの寸断によって重大な経済危機が発生する可能性もある。

さらに、アフリカに緯度、経度に沿って直線的に引かれた国境線は、1885年のベルリン会議によってヨーロッパ列強間で分割するための原則を確認し、それに基づいて引かれた線であり、部族を分断し、異なる部族を同じ国に押し込んだために部族間の紛争が絶えない。しかしながら、国境線の引き直しにはエネルギーや鉱物資源、水利権などの利権が大きく関係するため、国境線の変更は不可能に近い。したがって、アフリカ諸国とのサプライチェーンを構築・拡大する場合にも、紛争によるサプライチェーンの寸断リスクを考慮する必要がある。

(3) 法規制の変化（経済制裁、政権交代、保護主義）

　関税及び通貨制度は国防と並ぶ主権国家固有の権限であり、経済のグローバル化がいかに進もうともそれにどのように対応するかは各国政府の専権事項である。また、国家及び経済の体制、法律、規制・制度、労働環境、商慣習や文化なども国家とその国民が決める問題であり、経済行為を行うために外国からやって来た人や企業が決める問題ではない。グローバリゼーションとITの普及によって企業活動もグローバル化し、サプライチェーンは国境を越えて拡大するが、企業活動は当該国の法律と政策の許容範囲内で行われなければならない。

　また、企業が登記する国の政府が他国に対して、宣戦布告、経済制裁、貿易関税の強化、法令及び規制・制度を変更する場合、貿易、金融取引、企業活動の制限・禁止によって投下資本の回収ができない事態も起こり得る。

経済制裁

　国際紛争をなくし平和な社会を実現するためには、強力な権限を持つ国際的機関が必要である。第一世界大戦の悲惨な状況を繰り返さないように国際的機関として国際連盟（1920‐1946年）が設立されたが、第二次世界大戦を未然に防ぐことはできなかった。第二次世界大戦の反省を踏まえ、国際紛争の解決、人権問題、気候変動、パンデミックなどの問題を含む多くの国際的問題解決を目指す機関として、国際連盟を発展的に廃止し、国際連合（1945年～）が設立されているがうまく機能していない。

　重要事項の決定にあたっては、絶大な権限を有する常任理事国5か国の合意形成が不可欠であるが、常任理事国の5か国のうち、民主主義と自由主義経済を標榜するアメリカ、イギリス、フランスと、旧ソビエト連邦の価値観を引き継ぐロシア、一党独裁で民主主義国とは異なった価

値観を持つ中国との間で多く課題において利害と理念が対立し、互いに頻繁に拒否権を行使する状態が続いている。国連の意思決定が容易にできない状況で、地域的紛争に対しても紛争解決能力は十分ではない。

また、国連決議や安全保障理事会の決定のいかんにかかわらず、アメリカやロシア（旧ソビエト連邦時代を含む）の軍事介入、中国の自国の論理による行動がしばしば発生するが、大国が起こした行動を押し戻すことは至難である。最近では、2014年のウクライナの騒乱に乗じてロシアがクリミア半島に侵攻した例がある。クリミアを編入したロシアに対してEU諸国、アメリカが強く反発して経済制裁を行っているが、既成事実化は進んでいる。

さらに、中国が2013年暮れ頃から南沙諸島において複数の3000m級滑走路を持つ人工島を建設するなど、南シナ海で実効支配を強めている。南沙諸島をめぐる問題では、フィリピンやベトナムなどの周辺国と軋轢が生じ、フィリピンが国際司法裁判所に提訴したケースでは中国が敗訴している。また、アメリカは同海域における中国の領有権を認めず、軍艦を航行させる「航行の自由作戦」を展開し、イギリスやフランスも同調行動をとっているが、中国は激しく反発しており海洋進出計画を変更する気配はない。

問題解決が進まない背景には南沙諸島周辺の漁業権、石油・天然ガス資源の権益のほか、中国の安全保障上の理由がある。アメリカと中国の間には既に貿易問題をめぐる対立があり、第1位と第2位の経済大国間の対立と貿易戦争が本格化する場合には、世界経済にとっても重大な事態になる。

資本効率の向上に向けて世界的分業が進展する一方で、世界経済の限られた成長の機会をめぐって大国間で経済的利害が衝突するケースが増えてきている。それに従って経済圏もアメリカを中心としEUや日本を含む旧西側経済圏と、それに対抗するロシア、もしくは中国を中心とす

第Ⅱ部

るグループに次第に分けられ、互いに牽制し合う構図が新たに出現してきている。国家間の経済制裁や外交上の措置が講じられる場合には、企業活動とサプライチェーンは否応なしに大きな影響を受けることになる。

1986年にアイスランドのレイキャビクでアメリカのロナルド・レーガン大統領とソビエト連邦のミハエル・ゴルバチョフ書記長が会談し、その後の東西冷戦構造の終結に結び付けたような世界のリーダー間の思い切った決断と合意形成ができれば国際紛争問題の大きな状況改善が図られるが、近い将来において新たな世界的合意形成が起こる可能性は低いと考えざるを得ない。

フランシス・フクヤマは1989年に『歴史の終わり』と題した論文を発表し、「国際社会は民主主義と自由経済が最終的に勝利し、社会制度の発展が集結する。民主主義が政治体制の最終形態となって安定した政治体制が構築され、社会は未来永劫平和と自由と安定を維持する。したがって、政治体制を破壊するような戦争やクーデターもなくなる。」と予測した[28]。フクヤマの壮大な仮説の妥当性を論文発表からわずか30年で判断するのは早計であるが、グローバリゼーションのひずみがあちこちで社会問題化し、再び経済圏同士が牽制し合う今日の状況は、東西冷戦の終結によって世界が平和で豊かな世界に向かうと考えられていた当時の予測とは大きく異なっている。近未来の予測としては、大小様々な政治的対立によってこれからも経済及び企業活動が振り回されるものと考えられる。

政権交代、保護主義

2016年から2018年にかけての3年間は、戦後の大変革期以降で最も顕著に各国の法規制の変更が起こった期間であろう。その背景には、世界

---

28 フランシス・フクヤマ〔渡部昇一訳〕『歴史の終わり』（三笠書房、2005年）

各地での政治的混乱とグローバル経済のひずみの拡大とその反動がある。政権交代、経済制裁、保護主義の台頭などによる様々な法規制の変化や事業環境変化によって多くの企業が想定外の出費を余儀なくされ、企業は右往左往させられている。

　第5章でイギリスのブレグジットとアメリカの保護主義政策の説明を行った（107ページ参照）。イギリスの判断は、ブレグジットによってEUのルールには縛られずにEUを含む各国と自由に貿易協定を結び、EU諸国からの労働力の流入を抑え、自国の労働者の雇用の機会を増やし、EUの負担金と様々なルールの拘束から免れることによって経済を上向かせることができる、との考えによる。一方、重大な懸念は、EU域内における企業活動の単一パスポートが失われる、あるいは制限されることによって関税及び煩雑な通関手続きと費用が生じ、価格競争力が低下してイギリスから企業が撤退すること、労働力の流動性の喪失によってEU諸国からの良質な労働者が確保できなくなり、イギリス経済が悪化することである。

　既に多くの海外企業や、多国籍企業、金融機関などがイギリスに置かれたEU拠点のEU加盟国への移転、イギリスの拠点縮小・廃止を検討・実施しており、イギリスの懸念が現実化する可能性がある。企業にとっても、イギリスの拠点を縮小・廃止によってそれまでの投資が無駄になり、解雇する雇用者への追加的支払いを含めて様々な費用が発生する。また、EU圏での活動のための新たな拠点確保、引越し、雇用のやり直し、人材育成にも高額の追加コストが発生する。それらはブレグジットがなければ発生しなかった費用である。加えて、サプライチェーンの再構築という重要な作業が発生する。

　2017年1月のアメリカのトランプ大統領の登場も経済活動や企業戦略に重大な影響を及ぼしている。TPPからの交渉離脱やNAFTAの見直し、貿易不均衡の金額が大きい中国、日本、ドイツなどに対する貿易品

目ごとの関税率の見直し、韓国とのFTAの見直し、アメリカへの輸出工業品目をアメリカ国内で生産するように企業戦略の変更を求めるなど、政権交代によって多くの企業が経営戦略の大幅な見直しを迫られている。中でも、中国に対する貿易関税引き上げは、中国による報復としてアメリカ製品に対する関税引き上げが行われ、貿易戦争の様相を呈している。そして、影響は中国の貿易相手国にも及びつつある。

　アメリカへの輸出品をアメリカ国内生産に切り替える場合、既存の施設を縮小・廃止するための費用、レイオフや解雇に伴う補償、アメリカでの工場用地及び労働力の新規確保と教育、原材料や部品調達のための新たなサプライチェーンの構築などの費用が発生する。さらに、アメリカで生産を行う場合の問題として、アメリカ人の高い人件費のために価格競争力を維持できなくなる可能性がある。しかしながら、世界最大の経済圏・消費市場であるアメリカ市場を失うことは企業にとって死活の問題であり、企業は貿易関税の引き上げによる価格への影響とアメリカで生産を行う場合の価格競争力の比較、アメリカ市場の重要性などを総合して経営判断を行うことになる。

　また、イラン、ロシア、北朝鮮などに対する経済制裁の発動によっても貿易、金融取引に影響が及ぶほか、各国の政権や政策の変更、法規制の変更によって企業活動は様々な影響を受ける。多くの韓国企業が北朝鮮の経済特区の開城（ケソン）工業地区に工場を設立し、2004年から操業を開始したが、2016年2月に北朝鮮の核兵器、弾道ミサイル開発実験を受けて生産設備を残したまま撤収を余儀なくされている。また、核開発問題によってイランが、ウクライナ問題をめぐってロシアが多くの国々から経済制裁を受け、対象となったエネルギー資源、工業製品、企業及び個人との貿易及び金融取引が制限・禁止されている。取引相手、あるいは資本投下を行った国が政治上の問題で突然経済制裁の対象となった場合には、経済行為が禁じられ、事業中断を引き起こす。

中国おいても、外国資本に対する法規制の変更によって企業戦略の見直しを余儀なくされるケースが度々発生している。2012年の日本の尖閣諸島の国有化の際には、反日感情に火が付いて日本製品の不買と日本企業に対する暴動が発生した。多くの日本企業が放火や投石で被害を受け、ストライキ、サボタージュが発生し、工場や店舗を閉鎖する企業も出た。また、日本が中国からの輸入に大きく依存していたレアメタルの日本への輸出量が抑えられ、日本企業の様々な工業製品製造と国際競争に影響が及んだ。

　中国への投資熱が冷めた日本資本はサプライチェーン戦略を見直し、多くの企業が過度な中国依存を修正して生産拠点をASEAN諸国やインドなどに分散・移転している。また、レアメタルについては輸入先の多様化が進められるともに、ナノ物質をはじめとした代替物質の開発によって技術進歩を推し進める結果をもたらした。日本はかつてオイルショックをきっかけに省エネ先進国への道を開いたように、中国とのレアメタル問題も日本のイノベーションによって致命傷とはならなかったが、日本企業のサプライチェーンは一層複雑になった。

　南北問題や格差社会の拡大は政情不安や国家間の対立を生む。また、世界経済が高成長から低成長基調に移行した中で経済問題の打開策を貿易に求める場合、あるいは国威発揚の手段を経済成長に求める場合、自由経済・自由貿易とは相容れない政策が導入されることがしばしばある。世界最大の経済国であり、民主主義と自由経済の旗振り役のアメリカも例外ではなく、企業は、法規制の変更リスクに常に晒されている。

（4） AIをはじめとした新技術の開発・導入

　ここからの話しは、今日、明日に産業構造及びサプライチェーンの変更に至る問題ではないが、AIやデジタル革命をはじめとした新しい技術の導入によって近い将来サプライチェーンには様々な変化が起こる。

第Ⅱ部

　2000年頃に始まったグローバリゼーションを支えてきた最重要技術が高度なITの普及であったことを述べた。コンピュータとITによる技術革新の特徴は、一つの発明にとどまらず、コンピュータ技術の発達と相乗して次なる技術革新を生み出す循環を作り出したことである。20世紀初め頃の巨大なコンピュータは計算機能のみであったが、現在の半導体チップはナノメートル単位の大きさで膨大な演算能力を持っている。技術の進歩によって、ビル1棟を無数のケーブルと真空管が埋め尽くし、大きな電力を消費していたコンピュータが今日では靴箱1個ほどの大きさに収まってしまう。

　インテルの創業者の一人であるゴードン・ムーアの名前を冠した「ムーアの法則」は、「集積回路に搭載できるコンポーネント数は毎年倍増（後に2年で倍増に修正）する」としている。1970年頃から続いた処理能力の上昇は流石に限界が近づいてきたようで、近年上昇スピードに陰りが見えてきている。しかしながら、スマートフォンは既に掌に乗るサイズで電話機能に加えて膨大な情報処理とメール等の通信機能を有して世界中のネットワークと結び、ビジネスからエンターテインメントに至るまで不可欠なツールとなっている。

　今日の技術革新の特徴として、次々に新たな技術を生み出す循環システムが確立されたと述べたが、現時点では人間の介在が必要である。AIはそれ自体で学習能力を持ち、ロボットが状況判断を行い、最適な解決策を実施する。そういう時代が間近に迫ってきている。チェスの世界チャンピオンを打ち負かしたコンピュータは、チェスや将棋より変化が多い囲碁の世界チャンピオンをも打ち負かしてしまった。AIが最高の知能を持つ人間を超えたということである。――チェスの変化は10の120乗、将棋は10の220乗、囲碁は10の360乗とされる。以下に、近未来の産業構造の変化の予測の一部を紹介する。

自動運転自動車

　自動車は、人間がエンジンをかけ、アクセルとブレーキを踏み、ハンドルを操作する。今日の車にはナビゲーションシステムが搭載され、目標地点をセットすれば道案内をしてくれるので道路地図を見る作業は不要になった。また、衝突防止装置が導入され、レーンのはみ出しについても警告や防止装置が付けられている。しかしながら、今のところ自動車の原理には変更なく、運転操作は人間が行い、危険回避の判断も多くは人間自身が行う。

　実用化が一部で開始された自動運転自動車は、目的地点を入力（伝達）する以外の作業は内蔵されたコンピュータが行う。自動運転自動車が実用に移されれば自動車運転免許証が意味を失い、トラック、バス、タクシー、船舶などの物流・輸送・移動手段が大きく変わる。また、自動車の配車が合理的に行われるようになれば自動車は共有され、「マイカー」という概念を変えてしまう可能性がある。農業用のトラクターも無人運転で田や畑を耕作する。航空機についても既に軍事用の無人飛行機は運用されており、ドローンは輸送手段として技術的には運用可能である。中でも自動車は社会生活を営む上で最も身近で重要な交通・輸送手段であり、移動や物流方法の大きな変化は社会構造の重大な変更を招く。

電気自動車（EV）

　自動車の構造と素材も変わる。環境保護のために動力はガソリンやディーゼルエンジンから電気に移行し、車体は鉄やアルミから軽量で強い強度を持つ炭素繊維強化樹脂（CFRP）に移行してゆく。これまでとは異なる素材で自動車が作られ、電池モーターで駆動するようになれば産業構造が大幅に変化し、社会に大きな変化を及ぼすことになる。

第Ⅱ部

　自動車産業は金属、ゴム、化学、繊維、ガラス、電気、コンピュータ、エネルギーなどあらゆる産業と密接に関連する裾野の広い高度で複雑な総合産業であるが、今後、自動車メーカーを頂点とした巨大な産業構造は大幅に変更・簡素化される。すなわち、自動車の軽量化は環境保護の観点から有効であるが、鉄の巨大消費市場である自動車産業がボディー素材を変更すれば鉄鋼業にとっては大きな痛手となる。同様な変化は航空機や船舶製造にも起こる。また、エンジンが電池モーターに変われば自動車の構造は単純になり、自動車製造に電気メーカーやIT会社が雪崩れ込んでくることは必定であろう。

　EVへの移行は、金融事業にも大きな影響を及ぼす。EVの仕組みはガソリンエンジンの車との対比で簡単なので、普及の拡大に伴って自動車価格は大幅に引き下げられ、銀行ローンのニーズは大幅に低下する。また、自動車の安全性の向上、事故防止装置の導入によって事故率が大幅に低下することから、自動車保険料が大幅に引き下げられる。加えて、人口減少とデジタル革命によって自動車保有台数の減少が見込まれることから、損害保険会社の収益構造に大幅な変更が生じる。保険会社の役割は、サプライチェーンの複雑化、新しいリスクの出現と産業構造の変化、産業価値の高額化などの経済社会の変化によって全体的に大きくなってゆくが、自動車保険に限っては役割が小さくなる。

人工知能（AI）とデジタル革命

　AI導入の影響は、高度な教育や訓練を受けた人の仕事領域にも及ぶ。学校ではAIを搭載したロボットが基礎学習を担当し、行政の窓口業務もAIが行う。税理士や会計士の業務はAIによって大幅に削減され、弁護士の業務も基本的部分はAIによって処理される。複雑なデータ処理や専門的計算を伴う銀行の投資・貸付業務、保険会社の保険料率計算及び損害査定業務も一部をAIが行うことになろう。また、医療分野で

は病気の診断から難易度の高い外科手術も AI によって行うことが可能になり、医師の役割も変化する。

また、今後急速な進展が見込まれるデジタル革命は、AI の導入と一体になって経済構造と社会生活を大きく変えてゆくことになる。デジタル化とデジタル革命の違いは、デジタル化が従来の技術の向上以上のものではないのに対して、デジタル革命はインターネットを介してサービスの提供の仕方を根本的に変えてしまうことである。重大な懸念は、インターネットがサイバー事故によってダウン、あるいはハッキングされた場合、サービス・商品の提供に誤った情報が入力され、サプライチェーンが寸断されて事業中断を招くことである。

ナノテクノロジー

ナノテクノロジーもこれからの社会で重要性を増してゆく。ナノ素材は、コンピュータ及び IT に導入されて情報処理及び通信システム機能の性能を飛躍的に向上させるとともに、集積回路の超小型化による低消費電力化を推進する。ナノ素材は、自動車にも用いられるバッテリー、LED 照明、塗料などに用いられるほか、医療、食料品、化粧品、日焼け止め、肥料、廃棄物の有機物による分解、再生エネルギー技術に欠かせないソーラパネル、水素貯蔵システムなど、様々な産業分野で使われる。ナノテクノロジーは、地球温暖化問題の重要な解決策の一つであると同時に、従来の物質の代替となることから産業構造の変革を促すことになる。

3D 印刷

3D 印刷技術は既に産業構造に大きな変革を起こしつつある。乗用車や航空機のボディーの素材を鉄から軽量素材に変更する試みが始まっているが、新しいボディーは3D 印刷技術を用いて CFRP で編み上げる方

法が有力であり、強度も十分確保されている。また、積層構造の住宅は断熱材、防湿財、外壁用の被覆材などを配合した材料を使って3Dプリンターで印刷される。既に製造業では3Dプリンターが不可欠のツールとなっており、複雑な設計図を持たずに製品製造が可能になり、ジェット機のエンジンからナノ素材の生産・製造にも3D印刷技術が用いられているほか、医療用に人間の臓器を作る研究も進められている。

宇宙エレベーター

　技術革新は既存の産業構造を大幅に変更するだけでなく、様々な新たな世界を切り開く。これまで人類はスエズ運河、パナマ運河を建設して地理的問題を克服し、大きな河川や小海峡には橋を掛け、英仏海峡や津軽海峡にはトンネルを建設して切り離された地域を結んで流通を拡大し、経済発展を実現してきた。そして、人類が次に取り組む壮大なチャレンジが宇宙開発であろう。

　地球上の資源に限りがある中で、地球以外の惑星からの鉱物資源の調達や食料生産、火星への移住も検討されている。しかしながら、ロケットの打ち上げは費用が高額であり、運搬できる重量はロケット総重量の10%以下にすぎないこと、基本的に使い捨てであること（スペースシャトルの場合もシャトルを軌道上に乗せるのは使い捨てのロケットであった）、宇宙空間が使い捨てられたロケットや人工衛星のゴミ捨て場になっていること、燃料が有害物質であり燃焼時に有毒物質を発生させて環境汚染が発生すること、ロケット発射の爆音など、多くの問題点がある。効率的なロケット開発と商業利用に向けた研究・実験が続けられているが、地球と宇宙を結ぶ輸送路、宇宙エレベーターが実現すれば宇宙利用の可能性は劇的に高まる。

　宇宙エレベーターは静止軌道上の人工衛星や宇宙ステーションと地球をケーブルで結び、固定された軌道を籠が上下するというもので、理論

上は可能であるとされつつも長らくケーブルの強度が問題であった。しかしながら、グラファイト・ウィスカー（針状の炭素）やカーボンナノチューブが開発され、さらに他の技術的問題点も解決されつつある。実現すれば、大量の物資や人を地球と宇宙の間で輸送することが可能になり、宇宙ごみを撒き散らすこともなく籠は繰り返し使用される。また、動力は電気エネルギーであり、大気中に公害物質を撒き散らすこともない。宇宙の資源利用が始まれば産業構造とサプライチェーンは大きく変化する。

再生エネルギー

技術革新はエネルギー危機の解決策でもある。エネルギー危機は、シェールオイル、シェールガスの開発によって危機感が薄らいでいるが、地球環境破壊に歯止めを掛け改善を図ってゆくためには、これまでのように化石エネルギーを燃やし続けることはできない。また、福島第一原子力発電所の事故によって原子力発電の安全性と経済性に疑問符が付き、使用済み核燃料の処理問題も未解決のままである。現在の核分裂による原子力発電から、放射性廃棄物を出さず原子炉のメルトダウンの心配のない核融合による原子力発電技術が開発されれば状況が大幅に改善されるが、開発の目処がついておらず、原子力発電にも頼れない。

太陽光、風力をはじめとした再生利用エネルギーの大幅な増産が問題解決の鍵となるが、大規模発電の困難性と発電コスト、自然条件による発電量の増減と蓄電技術、長距離送電ロス対策、スマートグリッドなどの技術開発と経済合理性の問題が解決には至っておらず、増産が進んでいない。また、軽量フィルムによる太陽電池、風力発電の効率アップとフロー電池の普及による蓄電効率の改善などの課題も残されている。しかしながら、技術開発と各国政府の政策によってそれら問題は改善されつつある。

ドイツは2022年までに原子力発電所の稼働を停止することを決定し、電力の大部分を風力を中心とした再生可能エネルギーによって賄う計画である。既に、再生可能エネルギーによって日中の消費電力の最大85％を供給することが可能であり[29]、さらに、総電力消費量に対する再生エネルギーの割合を現在の約36％（年間ベース、2016年）から2050年までに80％に引き上げることを目標としている[30]。

日本の自然エネルギー（水力と再生エネルギーの合計）の発電量は13.1％（2016年）であり、水力を除く再生可能エネルギーは7.3％にすぎない（資源エネルギー庁）。日本は、福島第一発電所の事故を契機にドイツの再生エネルギー固定価格買取制度（FIT）を参考にした買取制度を導入したが、再生エネルギーの大幅な増産には結びついていない。化石燃料による発電量を計画的に引き下げ、スマートグリッドを導入し、送電網を電力会社の経営から切り離すなどの抜本的な改革が必要とされるが、電力供給の根幹を担う電力会社の経営問題や電力料金の引き上げを招く懸念がある。しかし、世界第4位の経済大国のドイツが強い国際的経済競争力と健全財政を維持しつつ再生可能エネルギーへの転換を急速に進めており、日本を含む世界も再生可能エネルギーを中心とした電力供給体制に移行しなければならない。

また、地球には赤道付近から中緯度にかけてサハラ砂漠やゴビ砂漠などの広大な砂漠が広がり、大規模な太陽光発電が可能である。長い距離の送電を行う場合送電ロスがネックになるが、送電ロスの少ない高温超電導ケーブルが開発されており、数千キロメートルの送電が可能になれば電力革命が起こる。さらに、宇宙衛星で太陽光発電を行い、マイクロ波で地球に送電することが可能になれば電力のサプライチェーンは根本

---

29 Agora Energiewende 社、2017年4月30日発表
30 ドイツ連邦経済省・連邦環境省

的に変更される。

> 新技術導入のメリットとリスク

　新技術の開発は人類の社会生活は便利で豊かにすることを目的としている。反面、新しい技術の導入には資本が必要であり、リスクを確認し、資本には保険をかけて問題が生じた場合にもそれが重大化しないようにコントロールする必要がある。

　AI及び自律機械の導入にはいくつかの重要な目的がある。まずは、多くの産業分野で事故の最大の要因であるヒューマンエラーが起こり得る範囲と可能性を大幅に減らすことである。ヒューマンエラーの排除によって、製品やサービスの質と範囲、スピードを大幅に向上させることができる。また、ロボット技術やドローンとの組み合わせによって、鉱山などの危険地域での作業、深海や宇宙空間での作業、放射性物質の取り扱い、爆発物や毒物などの危険物の取り扱いなどで人間に代わって作業を行い、労働災害リスクを大幅に軽減することができる。災害対応についても、人命の危険を軽減しつつ救助及び災害支援を行うことができる。さらに、農業人口の減少に対して労働力の補完とすることも可能である。

　一方、重大な問題点が大きく二つある。一つ目の問題は、AIが学習機能によって自律して動き始めた場合、あるいはハッキングやウィルス感染した場合、使用する人間の意志とは異なる方向に向かう可能性や制御不能になることである。また、AIが的確に判断できるデータにアクセスできない場合やAIが未熟な場合、誤って生産ラインを停止・破壊、顧客情報や経営情報を漏出・消去するなど、目的に反する判断・作業を行う事態が想定される。さらに、インターネットによる相互接続性によってAIの暴走が連鎖する場合、問題が拡散して収拾が困難になる事態が想定されるほか、悪意を持った人間が高度なAIを用いてインターネ

ットにアクセスすれば、重大なサイバーテロとなる。

　二つ目の問題は、AIのデータ処理と判断はブラックボックスで行われるので、人間にはAIが出した結果を即座に評価できないことである。AIの判断の妥当性については、一定量のデータが入力できる環境であれば人間の判断より誤りが少ないということがいえるかもしれないが、絶対に安全であるべきAIによる自動運転自動車の実験では交通事故が発生し、2016年にはTay（テイ）と名付けられた新しい言葉や会話を学習するために開発されたマイクロソフト社のAIが、公開直後のフレンドリーな会話から次第に差別的な発言を繰り返すレイシストに豹変し、公開からわずか16時間後には一時停止している。絶対的な信頼を置くAIを経営の中枢機能に据え、そこで不適切な判断が行われた場合には問題の認識が遅れ、サプライチェーンの寸断にとどまらず経済や社会生活に重大な問題を引き起こしかねない。

　また、ナノテクノロジーによって数千もの新たなナノ物質が作り出されているが、その全てについて人間の健康、生態系や自然環境への影響と安全性が確認されているわけではない。次々に新たな物質が作り出され、市場に出回るので全ての物質について製品化される前に安全性の確認を行うことは現実的には不可能に近く、有害物質が空気中、水中、土壌に拡散した場合には環境問題が発生する。問題が発生した場合には、有害物質の回収とともに高額の賠償責任問題が生じる可能性があり、サプライチェーンもそのつど変更が必要になる。

　新技術の導入には様々な未確認のリスクが潜んでいるが、ライバル企業や他国に先んじて導入することによって先行利益を勝ち取ることができる。したがって、新技術の導入競争がとどまることはない。しかしながら、すべてが目論みどおりに行くわけではなく、サプライチェーンの寸断のリスクを最小限に抑え、発生した場合にも経済的損失を許容範囲内に抑えられるように十分備えておくことが重要である。

第7章 サプライチェーンリスクへの対応

　国土が狭く寒冷なイギリスは、イギリス海峡を挟んで対岸から侵略を目論む強国フランスに対抗するために強い海軍を持ち、海洋国となって世界の海に漕ぎ出す道を進んだ。イギリスは、七つの海を制覇してインド、中国、アメリカ、アフリカなど、世界各地を結ぶサプライチェーンを構築し、三角貿易と植民地経営によって莫大な富を獲得し、その富を基に産業革命を起こして「世界の工場」となった。また、名誉革命をはじめとした一連の社会改革と寛容主義によってユダヤ人やユグノーを受け入れ、スコットランド人を認めて、広くヨーロッパからイギリスに資本を集め、自由度の高い金融市場をロンドンに構築して「世界の銀行」となった。

　ロンドンには、Lloyd's を中心とした保険市場が構築される。保険市場は、イギリスの海外交易と植民地経営を支えた海上輸送に海上保険を提供し、産業革命によって高額化した産業資本に対して火災保険を提供し、更には再保険の中心的市場となることによってヨーロッパ、そして世界中から保険資金が持ち込まれるようになる。ロンドンは現在に続く世界的なリスク引受市場となり、イギリスのサプライチェーンの拡大に大きく貢献している。

　一方、アメリカの経済発展は独立時の13州の開発に始まり、フランス、スペインからの領土の獲得、フロンティアによる西部開発によって大きく進展する。アメリカの国土は地球の数分の一の縮小版であり、およそ経済発展に必要な資源はすべてある。広大で豊かな土地は自国民を飢えさせたことがなく、石油、石炭などのエネルギー資源、鉄、銅などの主要鉱物資源も豊富である。イギリスから独立を勝ち取った後、モンロー

主義によってヨーロッパ列強との相互不干渉政策を導入し、持てる国力をフロンティア、ミシシッピ川の水運開発、五大湖と東海岸を結ぶ運河建設、大陸横断鉄道、パナマ運河、自動車道路網の建設など、社会インフラの整備に傾注してアメリカ国内に効率のよいサプライチェーンを構築し、経済を飛躍的に発展させることに成功している。

フロンティアとその後の公共事業に必要な資本は、イギリスから持ち込まれた資本に加えて、第一合衆国銀行の設立とその後の自由銀行制への移行によって各州に設立された多数の銀行によって調達される環境が整備された。さらに、ロンドンの金融市場がアメリカ国債を買い支え、ニューヨークに証券取引所が創設されたことによって必要資金が確保されている。

日本はイギリスと同様に島国で国土が狭く、農業生産には限界がある。さらに、石油・石炭などのエネルギー資源及び鉱物資源の産出量が少ない。そこで、イギリスを手本として海洋国となり、アジアに日本の工業生産のためのサプライチェーンを構築することを目論む。ところが、軍部が政治的実権を握った日本はアメリカをはじめとした国際社会の警告を他所に中国北東部や南アジアに軍事的侵出を行い、圧倒的な工業生産力を誇るアメリカを敵に回して第二次世界大戦で敗戦し、日本のアジア経済圏構想は幕を引く。

戦後は平和的海洋国家に方向性を大転換し、中東、東南アジア、オーストラリアなどからエネルギーや鉱物資源を日本に輸入して工業生産を行い、アメリカを中心に世界に輸出する経済システムを構築する。1980年代以降は、タイをはじめとした東南アジア諸国、中国などが安い人件費を背景に海外資本の呼び込みを始める。日本はそれらの諸国に積極的に資本を投下して工場を建設し、付加価値の低い部品や半製品を製造して日本に輸出し、日本で付加価値を加えて高付加価値製品として海外市場に輸出する構図を構築する。その後、経済発展によって台湾、中国な

どで高付加価値製品の製造が開始されると、日本との関係は水平分業に移行する。しかしながら、間もなく新たな革命的産業構造の変化が世界で起こる。

　2000年頃から本格化した高度なITの世界的普及を背景にした経済のグローバリゼーションは、世界経済の分業の仕組みを一新する。企業活動は国境を越えて拡大し、サプライチェーンは拡大と複雑化を続け、経済の状況に応じて目まぐるしく変更される。また、経営効率向上のためにジャスト・イン・タイムが経営のグローバルスタンダードとなり、価格競争力と安定供給、製品の納期の遵守が国際間企業競争の重要な要素となる。

1. ERM（統合型リスクマネジメント）の目的変化

　リスクマネジメントの目的は、企業活動における様々なリスクを資本の対応可能な範囲にコントロールすることである。不測の事態の発生に対してBCP（事業継続計画）を策定し、従業員に繰り返し訓練することで、従業員の安全確保、事業の早期再開のための備えを行っておくことも重要である。また、複雑化するサプライチェーンを管理（SCM）し、サプライヤーの供給停止による事業中断を最小限に抑える準備をしておく必要がある（なお、BCPはERMの重要な一部であるが、本書の目的から外れるため特段の説明は行わない）。

　企業経営は、火災・爆発事故、地震・津波、台風、洪水などの大規模自然災害によって工場や生産ラインが被災する事態、サプライチェーンの寸断、交通インフラの障害やパンデミックの発生によって従業員が出社できない事態、製造物賠償責任を問われるケース、ブランド価値の毀損、サイバー事故、財務リスク、市場リスク、コンプライアンスリスク、従業員の不正行為及び反社会的行動など、様々なリスクについてリスク

を正しく認識し、リスクの回避、損害の軽減、必要資本の確保、資本力を超える経済的リスクのリスクヘッジ手段を講じる必要がある。

規模の経済が重要なグローバル経済の下では、企業は「単一製品・単一機能・単一市場」を前提としたローカル企業から「複数製品・複数機能・複数市場」を取り扱うリージョナル企業へ、更に事業範囲を拡大して「多製品・多機能・多市場」を取り扱うグローバル企業に発展させることが求められる。事業規模の拡大に伴って企業リスクは広範に及び、高額化とサプライチェーンの拡大・複雑化によってリスクマネジメントも複雑になる。

リスクマネジメントが企業経営の一部に組み込まれて久しいが、事業規模の拡大と複雑化が続く中で、2000年頃には多くの企業において個別事業単位のリスクマネジメントから統合的にリスク管理を行う必要性が叫ばれ、SCMを含む個別リスクマネジメントを統合したERMが定着していった。すなわち、企業の事業規模の拡大と多様化、多国籍化と生産・活動拠点の増加、サプライチェーンの拡大と複雑化、事業中断リスクの重大化、取引先リスク、市場リスク、金利・為替リスクなどの増大に対して、統合型のマネジメントが必要になったということである。また、世界経済の潮流の変化、各国政府の法律及び規制・制度の変更、技術革新による企業戦略の変化などによってリスクマネジメントの対象範囲が広がるとともに、各国の所要資本要件、コンプライアンスなど規制・制度の遵守が求められ、各リスクの関連性について分析・コントロールが必要になる。

今日的ERMは単に複数のリスクマネジメントを一元化するだけでなく、企業価値を最大化するための統括的かつ戦略的なリスクマネジメントであり、そのプロセスは大きく二つに整理できる。

一つ目のプロセスは、リスクマネジメントの基本的な作業である。リスクの洗い出しからリスクの計量化・分析を行い、次にリスクマネジメ

ントの手段として、リスクの回避（当該事業からの撤退など）、分散（サプライチェーンの多様化など）、軽減（安全対策の実施など）、ヘッジ（移転：保険の購入など）、保有（資本的裏付け）などの対策の検討・実施である。リスク「ヘッジ」は「保有」を補完する役割を有し、突出したリスク、ボラティリティーの高いリスク、複数の関連性のないリスクが同時に発生するリスク、自然災害などで多数のリスクが同時に被災する集積リスクを資本の許容範囲内に抑える役割を負う。

　二つ目のプロセスは、リスクの高額化・複雑化に対して、追加資本の調達に要するコストと効果、リスクヘッジのコストと利点を比較し、最適な選択、あるいは組み合わせを検討することである。ERMの近年の重要性の高まりは、低成長・低金利の経済環境下で資本コストの最小化及び資本効率の改善が求められる中で、資本の補完、あるいは追加資本の代替手段としてリスクヘッジの重要性が増してきていることによる。

　リスクマネジメントとERMの違いは、企業の責任・執行機関の違いとしても表れる。リスクマネジメントではリスクの洗い出しから対応の決定までを当該部門のリスクマネージャーもしくは部門長が行うのに対して、ERMは企業の資本効率の向上と企業価値の最大化のための経営機能であり、ERMの遂行責任者は企業のCEO及び経営陣である。また、ERMの実行責任は経営メンバーの一員でありリスクマネジメントを統括するCRO（Chief Risk Officer）にある。CROの役割は、企業のリスクを可能な限り洗い出し、リスクの発生を未然に防ぎ、あるいは発生した場合の企業の財務基盤や企業活動への影響を最小限にとどめることである。CROは、リスクマネジメントの具体的方法に関する検討・実施にあたって追加資本の調達コストやリスクヘッジのコストと効果を検証し、資本効率を考慮した上で具体的方法を決定する。

第Ⅱ部

2. 追加資本による対応の困難性

　企業がグローバルな企業間競争のために生産規模を拡大し、多国籍化、M&Aなどの拡張戦略をとるにあたって、追加資本の調達、収益性の確保、高い資本効率の達成、各国の法規制・税制の順守とコンプライアンス、従業員の雇用、輸送・通信・電力・水道などの社会インフラ、企業文化の輸出と調和などの諸問題を解決する必要がある。企業経営は、それらの一つ一つの課題について解決策を検討すると同時に、戦略全体の可否について資本コストと収益性の双方の視点から総合判断する必要がある。さらに、世界の政治・経済情勢は刻々と変化するので、その都度重大な戦略見直しを迫られる。ERMは、企業活動全般と戦略を企業価値の視点から判断する経営のチェック機能でもある。

　資本はすべてのリスク対応の解決策となるが、追加資本の確保は長期的収益性の維持・向上が前提となる。ERMの目的の重要な変化は、ERMが単なる様々なリスクマネジメントの統括的管理手法から、企業グループ全体の適正資本水準と資本利益率を確保するための管理手法に変化したことである。

　経済が地球規模で展開され、企業間の価格競争の激化のために国際的分業と取引先の多様化によるサプライチェーンの複雑化が進んでいるが、サプライチェーンリスクの把握の難しさはそれらの理由にとどまらない。現代社会では製品の更新サイクルが短くなり、サプライチェーンの変更が頻繁に行われる。また、政治・経済情勢によってもサプライチェーンの変更が必要になる。サプライチェーン及び市場リスクの把握が煩雑になり、加えて、複数の重大問題が短い期間に発生するケース、一つの機能が多数の製品に影響を及ぼすケース、特定市場での問題が他の市場に波及する事態などについても、リスクを分析し必要資本を確保すること

が重要になる。しかしながら、ごく一部の巨大資本は別として、広範にわたる企業活動に関するすべてのリスクに対して資本で対応しようとすれば経済合理性が成立しない。

　したがって、リスクの把握が煩雑になるとしても、リスク量を適切に推量し、合理的に対応するための資本準備とリスクヘッジ手段を講じない限り、価格競争力とリスクに対する耐性の双方を両立させることはできない。

　また、金融機関は様々な異なった金融リスクを大量に保有する。異なった金融リスクを保有する場合、全体的ボラティリティーリスクはボラティリティーの単純合計より低くなり、この点において資本効率は高まる。しかしながら、リスクが連鎖するケースやある経済状況において異なった複数のリスクが同時に発生する事態が起こることが考えられる。適正資本水準と資本利益率を確保してゆくためには、そうした事態の発生頻度とピークリスクに対して資本準備とリスクヘッジの組み合わせによって対応することが求められる。

　さらに、規模の経済が企業間競争における決め手となる中で、M&Aは企業の生き残りのために避けて通れなくなってきている。M&Aを行う場合、様々な付随的問題が発生し、買収側が必要としない事業が含まれることが往々にしてある。好むと好まざるにかかわらず、ビジネスリスクが拡大すれば資本準備を拡充するか、必要としない事業を第三者に売却する、もしくは整理する必要がある。また、M&Aを行うに際して、買収対象企業の資産価値、収益性、財務リスクなどを詳細かつ多角的に調査するが、合併後に重大問題が発覚することがしばしばある。

　拡大した、あるいは新たに生じたビジネスリスクについては、リスク量と内容を精査した上で、追加資本を用意する方法のほかにリスクヘッジする方法がある。追加資本によるか保険（デリバティブなどの保険類似金融商品を含む）を購入してリスクヘッジするかは、資本と保険の機能

の差による。すなわち、資本はすべてのリスクに対応する長期的かつ硬直的手段であるのに対して、保険は特定のリスクに対する柔軟な対応手段である。保険の手続きは簡単で、保険条件は一定期間を経て見直しが可能であり、かつ短期的な対応も可能である（後述する）。

　企業に対する評価は株価に現れる。株価は景気や当該産業の事業環境の影響を受けるが、企業の内容と状況については、資本市場や信用格付会社が業績、財務諸表、企業戦略、事業展開規模に対する適正資本規模などを分析・評価し、株価に反映される。また、追加資本を調達する場合、その必要性と事業計画は資本市場に評価される（受け入れられる）ものでなければならない。資本市場の評価が得られない場合は、リスクを許容量に抑えるようにリスクヘッジするか、戦略を見直さざるを得ない。

　金融機関の所要資本に関する評価はさらに厳格に行われ、行政のルールも厳しい。金融機関の経営破綻はシステミックリスクを招きかねないため、リスク量に対する所要資本は各国の規制対象となっており、資本の必要額及び資本構成（資本の質）要件を満たすことが求められる。さらに、国際的に事業展開する国際金融機関は、国際的規制の対象にもなっている。

　代表的国際的規制として、銀行と保険会社に対する規制がある。国際的に業務を展開する国際決済銀行に対しては、バーゼル銀行監督委員会が「バーゼルIII」において銀行の健全を維持するための自己資本規制として、「投資リスクをはじめとしたリスクに対して、普通株と内部留保からなる自己資本によって所要水準（合計で7％）以上を確保する」ことを義務付けており、更に様々なストレステストをクリアーすることが求められる。また、EU域内の保険会社には「ソルベンシーII」によってリスク量に見合った所要資本の確保が義務付けられている。バーゼルIIIやソルベンシーIIによる所要資本に関する規制によって、多くの

金融機関が過少資本状態に陥り、基準をクリアーするために資本増強に取り組み、更にM&Aの動きを活発化させている。

3. 事業中断リスクに対する保険
（保険類似金融商品を含む）

　事業中断による企業の損害は、基本的には保険によってカバーすることができる。保険設計を行うためにはリスクを計量化する必要があるが、工場が物理的損害を被りそれによって事業中断が生じる場合と、サプライチェーンの寸断による事業中断とではリスクの状況が大きく異なる。サプライチェーンの寸断に関するリスクの特定とリスク量の推計は容易ではなく、また、ある時点のリスク評価ができたとしても事業環境の変化に伴ってサプライチェーンも見直されるため、リスクの正確な把握は現実的には不可能に近い。しかしながら、リスクをいくつかの種類に分け、リスク量の変動幅を一定程度に抑えることができれば保険手当てが可能になる。

（1）　事業中断保険（BI保険）
　BI保険の目的は、企業が事業中断に追い込まれた場合に、事業中断期間の逸失利益、事業継続費用及び追加費用などの短期的資金を提供することによって事業中断の長期化と深刻化を食い止めることである。BI保険には大きく四つの種類があり、保険の対象範囲は〈図表10〉のようになっている。

　一般的BI保険は、工場や事務棟などの施設、機械設備などについて火災・爆発、風水災害、地震・津波などに対応する財物保険を購入した上で、事業中断に対して購入する保険である（ただし、BI保険単独でも購入可能）。保険会社は生産ラインに事故が発生する確率とその損害についてリスク量を計算するとともに、事故や災害にあった場合の復旧ま

〈図表10　BI保険の種類と対象〉

保険の種類	保険対象
一般的BI保険	被保険者企業の施設や生産ラインに財物損害が生じ、その結果生じた逸失利益と事業継続費用
構外利益保険（CBI保険）	サプライヤーの施設に生じた財物損害に起因する事業中断によって生じた逸失利益、事業継続費用及び追加費用
財物損害を伴わないBI保険（NDBI保険）	被保険者企業またはサプライヤーに財物損害を伴わない事業中断が発生した場合で、CBI保険の対象とならない逸失利益と事業継続費用
サイバーBI保険	サイバー攻撃、技術的問題や作業ミスによってデータやコンピュータシステムに障害が生じたことに起因する事業中断による逸失利益と事業継続費用

での期間の逸失利益及び事業継続費用の期待値についても数理的に算出することができる。

　サプライヤーの施設に生じた財物損害に起因してサプライチェーンが寸断し、事業中断に追い込まれた例として、東日本大震災やタイ洪水。中国の天津の火災・爆発事故によって取引先企業への部品・製品の供給が中断し、大きな被害が発生したことを述べた。CBI保険は、そうしたサプライチェーンの寸断によって生じた逸失利益及び事業継続費用を補填するための保険であるが、サプライチェーンが多岐にわたり、かつ高い経済性を求めて変化することから、保険設計のための逸失利益及び事業継続費用の期待値の算出が難しい。

　現実的な対応として、主要なサプライヤーからの供給が途絶えた場合の逸失利益及び事業継続費用を算出して保険条件を設定し、その他のサプライヤーからの供給が途絶えた場合の保険を限定的条件の下で設定する方法がある。2001年のタイの洪水では一部の企業がCBI保険によって保険金の支払いを受けたことが報道されたが、CBI保険を購入する日本企業は少ない。

欧米のリスクの専門家が重大な関心を払っている経営リスクが、財物損害を伴わない事業中断であることを第 6 章で述べた。物理的損害を伴わない事業中断の原因として、「サイバー事故」「サプライヤーの供給中断」「法規制の変化」「AI をはじめとした新技術の開発・導入」の四つを挙げたが、いずれのリスクも重大化する傾向がある。しかしながら、原因の特定とリスク量の把握が技術的に難しく保険設計は容易ではない。現実的対応として、リスクの特性と状況に応じて保険、保険と類似した機能を有する保険リンク証券（ILS）、デリバティブなどの金融商品を組み合わせてリスクヘッジする必要がある。

　近年急速に重大化しているサイバー事故に対する保険需要は大きい。サイバー事故の被害には、IT 及びコンピュータシステムに与える物理的損害と復旧費用（直接損害）、事業中断、取引先や顧客への賠償責任があり、それぞれの損害に対する保険がある。サイバー事故の重大性は、システムに与える直接損害以上に事業中断や賠償責任などの費用の高額化にある。特に、人間の悪意によるサイバー攻撃の過激化は深刻で、発生頻度の上昇と被害額の高額化傾向が続いている。

　サプライヤーの供給中断という事態に対する最も効果的なリスク対策は、SCM を行って供給中断を起こすことのない、あるいは生産ラインが中断する事態を短期間に解消できるサプライヤーを選ぶことである。そして、不測の事態に対しては資本と保険によって備えておくことが重要である。一方、サプライヤーは、ERM を徹底することによって事業中断リスクを極力軽減するとともに、適切な保険手当てを行うことによって生産ラインの迅速な復旧のための準備をしておく必要があり、その対策は取引相手として選ばれるための重要なポイントとなる。

　世界中の企業が生産ラインに対して適切に財物保険と BI 保険を購入し、事故や災害によって生じた事業中断が迅速に復旧されれば、CBI 保険、NDBI 保険の対象となるリスクは大幅に軽減できる。CBI 保険、

NDBI保険の対象リスクが一定程度小さくなれば、保険会社の経営上のリスクが軽減され、普及度の低いCBI保険の拡大、NDBI保険の促進が容易になって企業に万全の備えを提供することができる。すなわち、サプライチェーン寸断の連鎖を断ち切ることができれば、経済社会における物理的損害を伴わない事業中断リスクは大幅に軽減されるということである。

なお、大規模なクラウドシステムや金融システムに対するサイバー攻撃による損害の巨額性と発生頻度の上昇傾向を踏まえれば、保険・再保険市場の対応力を超えることが予想される。対応策としては、保険・再保険に加えて、金融市場へのリスクヘッジ、政府の信用供与による保険・再保険の仕組みの導入が考えられる。政府が関与する保険制度は世界各地にあり、日本の家計地震保険制度やアメリカのカリフォルニア地震公社、全米洪水保険プログラムなどの大規模自然災害に対して国家の保険・再保険制度がある。また、日本を含む先進諸国には原子力保険プールが設立されている。さらに、アメリカ及びイギリス、ドイツ、フランスなどのヨーロッパ諸国には2001年9月11日に発生したアメリカの同時多発テロを契機に政府の信用供与によるテロ保険・再保険の仕組みが導入されており、今後の検討の参考となる。

(2) 保険の世界的課題——プロテクションギャップ

事業中断期間を短くし損害を最小限に抑えるためには、世界中の企業が生産施設・設備に対する保険を拡充し、事故や災害によって損害が出た場合に復旧を迅速に行うことが重要である。しかしながら、現実はそのようにはなっていない。近年世界的に問題となっているのが、経済損害額に対する保険金回収金額（保険損害額）の比率低下である。

〈図表11〉は、大手再保険会社のSwiss Reの大規模自然災害に関する経済損害額と保険損害額に関する調査である。それによれば、2017年

第7章　サプライチェーンリスクへの対応

〈図表11　1970―2017年の経済損害額対保険損害額〉

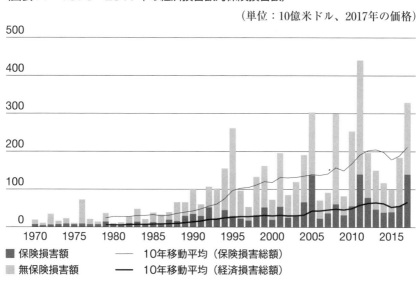

（単位：10億米ドル、2017年の価格）

■ 保険損害額　　　── 10年移動平均（保険損害総額）
▨ 無保険損害額　　━ 10年移動平均（経済損害総額）

経済損害額 ＝ 保険損害額 ＋ 無保険損害額

出典：スイス・リー・インスティテュート、Sigma No.1/2018

までの過去26年間の経済損害額の増加率は保険損害額の増加率を上回っている。10年移動平均による1991年－2017年の増加率では、経済損害率の増加率が5.9％であるのに対して保険損害額の増加率は5.4％であり、経済損害額と保険損害額のギャップが拡大している。

一方、保険産業の成長をGDPに対する貢献度は、アメリカの例では1997年－2016年の20年間で2.5％から2.7％に上昇している。ヨーロッパや日本の同様な分析は見当たらないが、一般的に保険普及率は経済社会の成熟とともに高くなってゆくことから、保険産業の経済社会における貢献度は全般的に上昇傾向にあると考えられる（アメリカの例については、〈図表16〉〈180ページ〉参照）。

すなわち、保険産業が相対的に伸び悩んでいるわけではなく、近年の経済損害額の増加率が保険手当ての拡充を上回っていると考えられる。

理由は様々考えられるが、サプライチェーンの拡大と複雑化をはじめとした産業構造の変化、生産設備の高額化、経営効率化のための産業価値の集中、大規模自然災害や事業中断事故の高額化などによって経済損害額の増加率が高くなっているためと考えられる。

〈図表12〉は、大手再保険会社 Munich Re の世界の大規模自然災害について経済損害額と保険からの回収金額（保険損害額）を比較した調査から一部を抜き出したものである。なお、保険損害額には民間保険会社の（再）保険のみならず、国家（再）保険が含まれているが、そのことで筆者の説明が妥当性を欠くことはないものと考える。

〈図表12　世界の5大大規模災害（日本を除く）の経済損害額と保険損害額の関係〉

(単位：10億ドル)

災害名	国名	経済損害額	保険損害額	保険損害額の割合
2017年のアメリカのハリケーン合計（ハーベイ、イルマ、マリア）	アメリカ	215	92	42.8%
ハリケーン・カトリーナ（2005年）	アメリカ	125	60.5	48.4%
四川大地震（2008年）	中国	85	0.3	0.4%
ハリケーン・サンディ（2012年）	アメリカ	68.5	29.5	43.1%
ノースリッジ地震（1994年）	アメリカ	44	15.3	34.8%
タイ洪水（2011年）	タイ	43	16	37.2%

データ：2016年3月時点（2017年のアメリカのハリケーン合計は2018年1月4日時点）
資料：Munich Re NatCatService

〈図表12〉より、四川大地震の例を除けば経済損害額の35〜50％程度が保険からの支払いによって補填されていることが分かる。ニューオリンズの人口がハリケーン・カトリーナから10年後の時点で依然として被災前の8割の水準であることを述べたが、経済損害額の5割近くを保険金で回収してもなお復旧は容易ではない（121ページ参照）。しかしながら、保険回収額の割合が低ければ復旧の困難性は更に高かったものと考

えられる。

　迅速な復旧により事業中断の負の連鎖を食い止めることの重要性は既に述べたとおりである。また、サプライチェーンの復旧が早期に行われれば、外部経済への波及を抑えることができる。そのためには、プロテクションギャップを縮める努力が必要である。

(3) 日本の企業保険の現状

　日本の企業保険の状況はアメリカをはじめとした諸外国とは大きく異なっている。そもそも、日本の場合は企業保険の普及率が低く、経済全体に対して保険機能が十分発揮されないという根本的な問題がある。〈図表13〉は、Swiss Reによる企業保険料による世界の上位10か国の調査である。それによれば、2016年のGDPに対する日本の企業保険の

〈図表13　2016年　企業保険の世界の10大市場〉

順位	国名	企業保険の元受保険料（10億米ドル）	損害保険市場に占める企業保険の比率	GDPに占める企業保険の保険料の割合
1	アメリカ	301	50%	1.6%
2	イギリス	64	68%	2.4%
3	中国	59	43%	0.5%
4	日本	38	46%	0.8%
5	ドイツ	27	34%	0.8%
6	フランス	22	34%	0.9%
7	イタリア	14	41%	0.7%
8	カナダ	13	30%	0.9%
9	オーストラリア	12	44%	0.9%
10	韓国	10	15%	0.7%
世界市場合計		720	45%	1.0%

注：2016年の元受保険料（医療保険を除く）の推定値。日本及び韓国の数値には損害保険市場の数値には貯蓄型商品は含まれない。英国の数値にはロンドンマーケットの保険料およそ330億ドルが含まれる。
出典：スイス・リー・インスティテュート「2018年1月　日本の企業保険市場」

割合は世界平均の1.0％にも満たない0.8％で、アメリカの1.6％の半分しかない[31]。なお、ドイツ、フランス、イタリアの数値が世界平均を下回り、一方でイギリスが2.4％と高率になっている。これは、EU内のパスポートによってイギリスでの付保が多くなっているためである（表の注を参照）。

企業保険の利用度の低さは、日本の大規模自然災害における経済損害額と保険損害額の関係にも現れている。〈図表14〉は、日本の主な大規模自然災害について経済被害と保険損害額の関係を示したものである。地震災害の保険損害額には政府の信用供与による家計地震保険からの保険金回収額を含んでいる。

〈図表12〉で、アメリカやその他の国々では経済損害額に対する保険損害額の割合が35～50％であることを紹介した。一方、〈図表14〉の日本の主な大規模自然災害の例を見ると、2018年台風21号と1991年台風19号の保険損害額の割合が高いものの、四つの地震災害と2018年7月西日本豪雨の保険損害額の割合は海外の災害の例に比べて大幅に低くなっている。

〈図表14　日本の主な大規模自然災害の経済損害額と保険損害額の関係〉

（1ドル：110円で換算）

災害名	経済損害額	保険損害額	保険損害額の割合
東日本大震災（2011年）	23兆1,000億円	4兆4,000億円	19.1％
阪神・淡路大震災（1995年）	11兆円	3,300億円	3.0％
中越地震（2004年）	3兆1,000億円	836億円	2.7％
＊熊本地震（2016年）	4兆6,000億円	5,500億円	12.0％
2018年台風21号	1兆3,750億円	9,900億円	72.0％
1991年台風19号	1兆1,000億円	6,600億円	60.0％
2018年7月西日本豪雨	1兆0,450億円	2,640億円	25.3％

資料：　Munich Re NatCatService
＊熊本地震──経済損害額：内閣府、保険損害額：スイス・リー・インスティテュート

31　「2018年1月 日本の企業保険市場」Swiss Re 会社 経済調査・コンサルティング部

地震災害について、日本の状況を保険金支払いの内訳から見ると、家計地震保険と地震共済の支払いが大きな割合を占めており、企業が地震保険から保険金を回収しているケースは限定的である。日本損害保険協会の資料によれば、家計地震保険の付保率は毎年着実に上昇しており、2017年度の普及率は世帯加入率で31.2％、地震保険付帯率で63.0％にまで伸びてきている。阪神・淡路大震災前の1994年度の世帯加入率が9.0％であったので、普及率は大幅に改善してきており、それが東日本大震災及び熊本地震と阪神・淡路大震災の経済損害額に対する保険損害額の割合の差になって現れている[32]。しかしながら、損害保険額の割合が最も高い東日本大震災でも19.1％と世界の水準を大幅に下回っており、その理由が企業保険の付保率の低さによる。詳しくは、拙著『最後のリスク引受人2　日本経済安全保障の切り札』（保険毎日新聞社）を参照いただきたい。

　気象災害については、被害の原因が強風よるものか水害によるかによって保険からの支払いに大きな差が生じている。1991年台風19号は水害を伴わない強風台風であり、2018年に西日本に大きな被害をもたらした台風21号も高潮による関西空港の浸水はあったものの被害の大部分は強風による損害である。風災の場合に保険損害額の割合が高くなるのは、日本の火災保険の大半を占める総合型火災保険において風災による損害を自動的に担保しているためであり、一方、巨大地震に匹敵する甚大な災害となり得る水災に対する補償はオプションであることが多く、保険金の支払要件と金額の設定も異なる。すなわち、伊勢湾台風のような大都市を含む広域が浸水する大規模水害が発生した場合、経済損害額に対する保険損害額の割合は大幅に低くなるということである。

32　日本損害保険協会「地震保険の契約件数・世帯加入率・付帯率の推移」（損害保険料率算出機構統計による）http://www.sonpo.or.jp/insurance/commentary/jishin/pdf/reference/jishin_suii.pdf

事実、2018年7月の西日本豪雨の保険損害額の割合は25.3％であり、〈図表12〉の日本を除く世界の大災害における水準を大きく下回っている。また、企業分野の保険普及率は世界平均を大きく下回っていることを述べたが、地震と同様に水害リスクについても重大性の認識が甘すぎることが一因となっているものと考えられる。さらに、日本企業の事業中断保険の付保率は地震や水災の直接的損害に対する保険の付保率より更に低くなるため、大規模な水害が発生すれば大規模地震の場合と同様に企業の財務状況は厳しい事態に陥ることが予想される。そして、その結果として事業中断、サプライチェーンの寸断による事業中断の連鎖を招き、多くの企業の存続をも危うくしかねない。

　日本では生命保険の普及率が世界的に高いが、損害保険の普及率がなかなか伸びない。法律に基づく自動車損害賠償責任保険を別にして、損害保険の中で際立って保険加入利率が高いのは任意の自動車保険であり、2017年度末の加入率は対人賠償保険：74.3％、対物賠償保険：74.4％となっている[33]。生命保険は永遠の命はない人間の死に対する保険であり、自動車保険も小さな事故を含めると相当数のドライバーが事故を経験するので、事故の確実性に対して期間リスクと個人負担として過大な損害の蓋然性をヘッジするにすぎない。

　一方、大規模自然災害は日本のどこかで必ず起こるとしても、個々の企業単位では被災の予測が難しい。日本企業は一般的にこうした保険の購入に消極的であるようだ。日本人は「起きると困ることは起こらないと自らに言い聞かせて信じ込む習性がある」という文化学者や歴史学者のコメントを見かけることがあるが、企業保険の利用度の低さはそのためだろうか。しかしながら、日本企業のリスクに対する認識の甘さは、グローバル経済の下で命取りになりかねない問題である。

---

[33] 日本損害保険協会「自動車保険 都道府県別加入率」（損害保険料率算出機構統計による）http://www.sonpo.or.jp/news/statistics/syumoku/pdf/kanyu_jidosha_ken.pdf

ここで挙げた事例や統計は自然災害に対する保険について調査したものであるが、プロテクションギャップは特に日本の企業保険において非常に重大な問題であり、歯止めを掛け、さらに縮小する必要がある。日本の企業保険の普及率を世界平均、欧米先進諸国の水準並みに引き上げる必要があり、まずは財物保険、地震や水災に対する追加担保、BI保険、賠償保険などの企業の財務基盤に重大な影響を及ぼしかねない直接的リスクに対する保険から拡充を図らなければならない。

　企業の財物に対する保険及びBI保険の普及率が上がれば、復旧を早め事業中断期間を短縮することができる。また、事業中断期間の短縮によってサプライチェーンへの影響を抑えることができる。その上で、CBI保険、NDBI保険を適切に購入することによって、事業中断リスクを大幅に軽減することができる。

4. 保険による資本効率の向上

　資本は企業活動全般を支える最も重要な要件であるが、資本ですべての問題に対処することは合理的ではないことを述べた。事業中断リスクを最小化し、自然災害リスクや高価値の産業施設のような突出したリスクや新しい技術を用いたボラティリティーの高いリスクを保険会社や金融市場にリスクヘッジすることによって資本効率の向上を図ることができる。また、資本効率を向上させることによって様々な想定外の事態への耐性を強化することができる。

　保険は最も一般的な経済的リスクヘッジ手段であり、その究極的目的は資本を災害や事故から守ることである。したがって、保険の本質は「資本の保険」であり、リスク対応のために追加資本や準備金積立が必要になる場合にその代替手段として戦略的に利用することができる。具体的には以下のポイントが検討される。

- 低成長・低金利の環境下において、資本効率の改善と資本コストの最小化を図る必要性、及び効率的リスクヘッジによる追加資本調達に要するコスト抑制
- 保険を用いることによるキャッシュフローの軽減
- 信用リスク、金利変動リスク、価格変動リスク、為替変動リスクに対する追加資本調達コストとリスクヘッジコストの比較——オプションの利用等
- 追加資本を調達する場合の複雑な手続き及びコストと特定のリスクをヘッジする保険の簡易な手続き及びコストとの比較
- 長期的視野に立つ資本の特性と、保険期間（通常1年）ごとの保険条件見直しと期間設定の柔軟性
- 高い信用格付けを有する保険会社にリスクヘッジすることによる信用格付けの向上
- 企業活動の拡大とリスクの高額化・複雑化に対する保険の利用
- グローバリゼーションによる海外拠点数、サプライヤー数、消費市場数の増加に対する必要資本の増大とリスク移転による追加資本の抑制
- ステークホルダー及び信用格付会社より高い評価を受けるための最適な資本とリスクヘッジの組み合わせ
- M&Aを行う場合、中核事業への資本の集中と非中核事業の整理及びリスクヘッジ

また、経済のグローバル化と企業活動の規模と範囲の拡大、技術革新、産業価値の高額化などによって、経営環境が大きく変化してきている中で、以下のリスクについては保険（国家保険、ILS及びデリバティブ、それらの組み合わせを含む）によるリスクヘッジによって必要資本を軽減することが効果的であると考えられる。

- 気象災害の激化、地震活動の活発化によるリスクの増大

- 経営効率化のための産業価値の集中・集約化によるピークリスクの高額化への対応
- 事業中断リスクの重大化への対応
- 地政学リスク（紛争、テロ、海上輸送路の封鎖、経済制裁など）のヘッジ
- AIの導入、デジタル革命による産業構造の変化と新たなサプライチェーンの構築と運営に関するリスクヘッジ
- サイバー攻撃、IT障害、データ侵害などのサイバー事故のリスクヘッジ

　資本手当との比較における保険の特徴は、簡単な手続きでヘッジが可能であること、状況の変化に応じて保険の期間を自由に設定できること、解約を含めて条件の見直しが容易なことである。また、特定のリスクを抜き出してリスクヘッジを行うので、追加資本を調達するための費用及び配当との比較においてコストパフォーマンスを高めることができる。準備金との比較においても、準備金を必要金額にまで積み上げるには時間を要し、その間に不測の事態が発生すれば資本不足を起こすのに対して、保険は時間的リスク分散機能を有する。さらに、支払保険料は負債勘定に計上され、保険の対象に損害が発生に際して保険金の支払いを受けることによって企業のキャッシュフローの負担が軽減される。

　保険の機能として、事故や災害が発生した場合の保険金の支払い機能が注目されるが、保険は資本効率の向上機能を併せ持っており、戦略的な保険購入によって経済的リスクの軽減と資本効率の向上を同時に実現することができる。そして、高い資本効率が達成されることによって企業は新たな事業展開が可能になり、不測のリスクの発生に対する対応力を増強することができる。すなわち、サプライチェーンの寸断、及び事業中断に対する保険手当てが一部で十分でなかった場合にも、直接的損害に対する保険購入によって高い資本効率が実現されていれば経営の健

全性を損なわずに済む。

5. 戦略的再保険の利用

再保険の重要な機能は保険会社の資本力の補完であり、保険引受能力（キャパシティー）の補完と経営の安定的運営に寄与することである。再保険市場は、保険会社にとって突出した引受けリスク、ボラティリティーの高いリスクを移転し、保険会社の資本を守るための最後の拠り所である。また、突出したリスクを再保険によってヘッジすることによって保険会社のソルベンシーが向上し、サプライチェーンリスクを含む様々なリスクに対する追加的保険提供が可能になる。

世界の保険市場から再保険市場への出再される保険料は、損害保険の収入保険料の10％弱、生命保険料の２％程度であるとされる。BIS（国際決済銀行）の調査によれば、東日本大震災やタイ洪水などの大規模災害が発生した2011年の自然災害による物理的損害額（経済損害額）が世界合計で3,860億ドルであったのに対して、保険損害額が1,100億ドルであり、経済損害額の28.5％が保険から回収されている。また、保険損害額の1,100億ドルのうち、640億ドルを再保険市場から回収しており、再保険市場は保険金損害額の58.2％を支払っている[34]。すなわち、保険市場は収入保険料の約10％を再保険料として再保険市場に支払い、大きな災害や事故があった年は保険金支払額の約６割を再保険市場から回収するということである。

再保険会社は、保険引受キャパシティーの確保と保険事業成績の安定、すなわち「資本と保有」政策という保険会社経営の根幹に関わる問題解

---

[34] 出典：Bank for International Settlement（BIS）"Quarterly Review, December 2012"、データ：Company Reports; authors' calculation and estimates、著者：Sebastian von Dahlen, Goetz von Peter

決に重要な役割を担い、大規模自然災害に代表される高額リスクに対する事業戦略や拡大するグローバルリスク、IT、AIをはじめとした新しい産業リスクに対する保険商品戦略にも密接に関与する。そのため、保険会社と中核的グローバル再保険会社の関係は単なる金融取引の相手ではなく、重要なビジネスパートナーの関係になる。

(1) 戦略的再保険の目的

　保険による資本の補完機能が注目されるようになってきているが、同様に、あるいはそれ以上に再保険による保険会社の資本効率の向上機能が注目されている。すなわち、企業が保険を戦略的に利用することによって資本効率を高めて余力を新たな目的に回すことができるように、保険会社は再保険を戦略的に利用することによって保険引受リスクのヘッジを行いつつ資本効率の向上を図り、保険会社の対応力全般の強化を図ることができる。一方、再保険会社はそうした保険会社のニーズに応えるために、大きな資本と高い質（健全性）を確保する必要がある。

　〈図表15〉は、S&Pの調査による正味収入再保険料ベースの上位10社を、10年ごとに1997年、2007年、2017年に並べたものである。また、2017年の表にはS&Pの信用格付けと調整株主資本額を加えた。

　この表からいくつかのことが分かる。まず、第一点目は、上位社の顔ぶれが安定していることである。第1位のMunich Re、第2位のSwiss Reは20年前の1997年から変わらず、2007年から2017年の10年間では上位6社が順位の入れ替えはあるものの同じ顔ぶれである。また、Berkshire Hathawayは2007年、2017年に第3位にランクされているが、1997年のリストには1998年に買収した第5位のGeneral Reとその傘下で第8位のCologne Reが名を連ねており、実質的に上位3社は不動である。

　2017年のリストにはS&Pの信用格付けと調整株主資本額を載せた。

〈図表15 1997年、2007年、2017年の再保険会社上位10社〉

(単位：100万ドル)

順位	1997年 会社名	国名	正味収入再保険料	2007年 会社名	国名	正味収入再保険料	2017年 会社名	国名	正味収入再保険料	S&P信用格付け	調整株主資本
1	Munich Re	ドイツ	9,606.6	Munich Re	ドイツ	30,292.9	Munich Re	ドイツ	36,454.4	AA-	37,585.3
2	Swiss Re	スイス	4,282.9	Swiss Re	スイス	27,706.6	Swiss Re	スイス	32,316.0	AA-	34,428.0
3	Lloyd's	イギリス	3,585.0	Berkshire Hathaway	アメリカ	17,398.0	Berkshire Hathaway	アメリカ	24,210.0	AA+	170,000.0
4	Allianz	ドイツ	3,323.3	Hannover Re	ドイツ	10,630.0	Hannover Re	ドイツ	19,321.4	AA-	10,803.2
5	Generali	イタリア	2,550.8	Lloyd's	イギリス	8,362.9	SCOR SE	フランス	16,163.5	AA-	7,437.1
6	General Re	アメリカ	2,541.1	SCOR SE	フランス	7,871.7	Lloyd's	イギリス	10,746.5	A+	36,191.7
7	American Re	アメリカ	2,491.7	RGA	アメリカ	4,906.5	China Re	中国	9,970.3	A	11,573.9
8	Cologne Re	ドイツ	2,274.6	Transatlantic Re	アメリカ	3,952.9	RGA	アメリカ	9,841.1	AA-	9,569.5
9	Hannover Re	ドイツ	2,052.7	Everest Re	バミューダ	3,919.4	Everest Re	バミューダ	6,244.7	A+	8,369.2
10	Gerling Re	ドイツ	1,970.9	Partner Re	バミューダ	3,751.1	General Ins Corp India	インド	5,796.3	NR	3,711.4
	上位10社合計		34,679.6	上位10社合計		118,798.0	上位10社合計		171,064.2		171,064.2
	上位40社合計		60,111.2	上位40社合計		162,702.3	上位40社合計		231,984.4		231,984.4

注：マーケットシェア及び株主資本シェアはS&P社調査対象の上位40社合計に対する割合
信用格付け：S&P 2018年8月02日時点
資料：S&P "Global Reinsurance Highlights"

再保険会社は保険会社の重要なパートナーとして、大災害・事故に際しては確実で迅速な再保険金支払いが求められる。そのため、株主資本の金額が正味収入再保険料と同程度、もしくはそれ以上の会社が多く、信用格付けも Berkshire Hathaway の "AA+" を筆頭に "A" 格以上と高い。

　第二点目は、上位社の市場占有率がこの20年間で大幅に高くなったことである。2007年から2017年にかけての10年間の正味収入再保険料の伸びは、上位10社合計、上位40社合計はともに1.4倍になっている。ところが、1997年からの20年間では上位10社合計と上位40社合計との間に重要な差が生じている。すなわち、1997年からの20年間では上位40社が約4倍になったのに対して、上位10社では約5倍にも伸びている。最上位の Munich Re の20年間の正味収入再保険料の伸びは上位40社平均とほぼ同じ3.8倍であるが、第2位の Swiss Re は7.5倍にも拡大している。このような大幅な伸びの背景には M&A がある。前述の Berkshire Hathaway の大型 M&A のほか、Hannover Re、SCOR SE も積極的に M&A を展開して業容を拡大しており、Lloyd's においてもシンジケート間の M&A や日本の大手損害保険会社の資本傘下に入るなどして、資本規模の拡大に積極的である。

　背景には、自然災害リスクを中心に再保険需要（必要キャパシティー）が増大していることに加えて再保険の戦略的利用の重要性が高まっていることがある。再保険の戦略的利用として、次のような目的がある。

- 規制・制度の変更に伴う追加資本、資本要件の変更・強化に関わるコスト増加への対策——EU におけるソルベンシーⅡ、日本、オーストラリア、シンガポール、マレーシアなどの ORSA（リスクとソルベンシーの自己評価）、中国の C-ROSS など。また、日本、ニュージーランド、台湾などでは巨大災害リスクに対する資本要件（損害保険）がある
- 追加資本を調達する場合の複雑な手続き及びコストと再保険の比較

――特定目的のリスクヘッジ、再保険の簡易な契約手続き、再保険期間設定の柔軟性など
- 地震・津波、気象災害リスク等の自然災害リスクに対する保険の拡大要請に対する対応――再保険及びILSによる引受能力の拡大
- サプライチェーンの複雑化、増大する事業中断リスクに対する引受能力の拡大
- テール（発生確率の低い）リスク、及びボラティリティーの高いリスクをヘッジすることによる資本効率の向上
- 技術革新に関連するリスク（サイバー事故、ナノ物質、AIなど）の引受能力拡大
- 過年度の保険引受責任を再保険によって切り離すことによる債務金額拡大リスクのヘッジ、及び資本の中核事業への集中
- 生命保険における新契約締結時の募集経費の転嫁によるキャッシュフローの確保
- 保険リスクの地理的範囲の拡大と複雑化に対する集中管理の必要性と包括的かつ巨額なキャパシティーの確保
- リスクの広範な地理的分散によって元受保険会社より低い資本コストを実現している再保険会社のバランスシートへのアクセス
- 高い信用格付けを有する再保険会社に再保険することによる信用格付けの向上
- M&Aに際し、中核保険事業への資本集中と非中核保険事業の包括リスク移転
- M&Aに際し、買収先保険会社の過年度の引受責任を再保険会社に移転することによる債務拡大リスクのヘッジと資本分散の回避、及び信用格付会社の高評価の期待

なお、Swiss Reの刊行物のSigmaのNo.5/2016は『戦略的再保険と元受保険：カスタマイズされたソリューションの増加傾向』と題して、

第7章　サプライチェーンリスクへの対応

再保険の資本補完機能の利用を含めて戦略的な再保険の具体的方法が説明されている。再保険の具体的な種類と効果について興味がある読者は、そちらを参照願いたい。

(2)　戦略的再保険の実例

戦略的再保険は全く新しい着眼ではなく、これまでにも多くの戦略的再保険の事例がある。Berkshire Hathawayの主力再保険会社の一社であるNational Indemnityは、戦略的再保険の重要性にいち早く着目し、巨大で優れた資本力を背景にテールリスクの引受けや高い信用力の提供を通して多くの先駆的な取り組みを行っている。本書では報道機関にも大きく取り上げられたBerkshire Hathawayが引き受けた三つの再保険の事例を紹介する。

① 2006年：Lloyd's危機を救った再保険

Lloyd'sは1980年代後半から1990年代初頭にかけてアメリカのアスベスト（石綿）の吸引に関わる労働者災害補償及び使用者賠償責任保険、環境賠償保険、製造物賠償責任保険などの安易な再保険引受けによって悪績が続く。1988年の北海の石油掘削プラットフォーム「パイパー・アルファ」の爆発・火災事故、1980年代後半から1990年代初めかけて相次いだヨーロッパの大型自然災害、1992年のアメリカのハリケーン・アンドリューなどの高額の再保険金支払いが追い討ちをかけて大幅な赤字状態に陥る。

さらに、アメリカのアスベスト及び賠償保険を中心に過年度の支払責任が大幅に増大する可能性が明らかになり、Lloyd'sは経営破綻危機に直面する。Lloyd'sは、1996年にEquitasという保険会社を作って過年度の契約支払責任を切り離し、支払責任の増大リスクを再保険により移転する方策を探るが、巨額損失の可能性とロングテール（再保険支払い終了までに長い期間を要すること）がネックになって再保険の引受会社探

173

しに難航する。

救済的再保険に乗り出したのがNational Indemnityである。National Indemnityは巨大な資本と高いセキュリティー（経営の優良性）からロングテールの高額再保険引受けが可能であり、Lloyd'sとEquitasは3.98億ポンドの再保険料を支払うことによって70億ドルの再保険を購入し、経営破綻危機から脱している[35]。

② 2008年：リーマンショックによって高額の財務損失を被ったSwiss Reに対する再保険

リーマンショックではアメリカの保険大手のAIGが高額の財務損失によって経営破綻危機に陥り、アメリカ政府による一時的な国有化とFRBからの緊急融資によって救済されたことを述べた（62ページ参照）。一方、同じく高額の財務損失を出した再保険会社であるSwiss Reに対して公的機関からのサポートはなかった。同社は、信用格付けの引下げを最小限に抑えてビジネスの継続を図るために、緊急に高額の追加資本と引受再保険責任の大幅な縮小が必要な事態に陥る。

正味再保険料収入ベースで世界第2位のSwiss Reの信用不安は再保険市場全体に重大な影響が出ることが懸念されたが、ここでもBerkshire Hathawayが5年間の期限付きで30億スイスフランの資本提供を行うこと、同社の損害保険の再保険引受けの20%をNational Indemnityが再々保険で引き受けることによって必要ソルベンシーを確保し、再保険市場の混乱を回避している[36]。

③ 2017年：AIGの過年度の賠償責任保険引受責任に対する高額の再保険

AIGはリーマンショックの経営危機から脱したが、新たな経営問題

---

[35] The Guardian 2006年10月21日 https://www.theguardian.com/money/2006/oct/21/insurance.business
[36] The New York Times 2009年2月5日 https://www.nytimes.com/2009/02/06/business/worldbusiness/06swiss.html

が浮上する。同社が2015年以前に引き受けたロングテールのアメリカの賠償責任保険に対する支払準備金が大幅に不足している可能性が判明し、財務基盤の健全性を維持するために巨額の追加資本の調達、もしくは再保険によってリスクヘッジを行う必要が生じた。

AIG は98億ドルの再保険料を National Indemnity に支払い、200億ドルの再保険を購入することによって信用格付けの低下、及び高額の追加資本を調達する必要性から開放されている[37]。

上記の三つの例は、経営危機に陥った（再）保険会社が保険引受責任を Berkshire Hathaway に再保険することによってソルベンシーを確保した例である。今後は保険会社の積極的経営戦略の一環として、資本効率向上のための再保険の利用が増えるものと予想されている。国際再保険市場では、今後一握りの大手のグローバル再保険会社への市場の集約化が進むと予測されているが、戦略的再保険の重要性の高まりによって大手再保険会社が競争上の優位性が高まるものと考えられるためである。

保険会社がグローバル再保険会社をビジネス戦略上のパートナーとすることによるメリットは他にもある。保険会社の重要なサービスとして、顧客企業の抱える様々なリスクを的確に評価し、企業戦略の立案・遂行にあたって必要資本の確保とリスクヘッジについて合理的な提案を行うことが求められる。グローバルな事業展開をしている顧客企業からは海外のオペレーションやサプライチェーンリスクについても提言を求められる。しかしながら、保険会社が多国籍化を図り、事業展開する市場の数を増加させるとしても対応力には限界がある。大手のグローバル再保険会社は、世界中にネットワークを持ち、地理的なリスク分散よって経営リスクをコントロールしていることからグローバルリスクについて豊かな知見を有しており、再保険会社とのコラボレーションによって有益

---

[37] INSURANCE JOURNAL 2017年1月20日 https://www.insurancejournal.com/news/national/2017/01/20/439440.htm

な提言が可能になる。

　ソフトバンクが2018年3月に、Swiss Re の発行済み株式の最大1／3に相当する100億ドル（約1兆500億円）を取得する方向で交渉に臨んでいることが報道された[38]。交渉は成立しなかったが、ソフトバンクの目的は、世界的に金利上昇が警戒される中で、巨額のフロートによる運用収益と優れた財務基盤を有するSwiss Re の株式取得によって自社の信用力を高めること、及びSwiss Re のグローバルな事業展開から得られる知見をソフトバンクの海外進出による事業展開の拡大に生かすことであったとされる。また、フィンテックとソフトバンクのITとの融合によるシナジー効果も期待されたはずである。再保険会社の利用の有用性については、金融以外の産業からも注目されている。

6．リスクテーカーの主役の交代

　現在の経済社会は、18世紀半ばのイギリスの産業革命と第一次世界大戦によるグローバリゼーションによって始まったといえる。産業革命とその後の経済発展は、多元主義によって受け入れられたユダヤ人の金融ネットワークと金融事業によって支えられ、イギリスの200年にも及ぶ世界覇権を揺るぎないものとした。

　その間イギリスでは、繊維産業が家内工業から工場を建設して大規模生産に切り替わり、蒸気機関の発明によって製鉄業、鉄道、船舶、機械製造をはじめとした重工業が発展して「世界の工場」として圧倒的な工業生産力を持つようになる。また、海外に展開していた広大な植民地の経営と貿易を発展させるために海運が発達した。それらの過程で必要とされた資本は、ユダヤ人の高度な金融ノウハウ、ネットワーク及びファ

38　日本経済新聞2018年3月7日

ンドを基にロンドンに創設された金融市場が一手に負った。

　また、20世紀前半にイギリスに並び、第二次世界大戦以降は世界唯一のスーパーパワーとなったアメリカは、フロンティアとそれを支えるミシシッピ川の水運、五大湖と東海岸を結ぶ運河、大陸横断鉄道、パナマ運河、自動車道路網の整備によって国内開発を行い、イギリスからの独立、南北戦争を経てヨーロッパ列強に伍する経済力をつけていった。フロンティアと産業発展を支えた資本は、イギリスからの持ち込み資本とロンドン市場によるアメリカ国債の買い支え、18世紀末の第一合衆国銀行の開設・解散とその後の各州の州法の下で発展したアメリカの銀行システム、及びニューヨーク金融市場である。さらに、シカゴの金融先物市場やNASDAQ市場が加わってアメリカに巨大な金融資本を構築し、アメリカを世界最大の経済に押し上げている。

　近代的保険制度の発展は、17世紀後半にLloyd'sがロンドンのシティーに誕生したことにより始まる。その後、経済発展が西欧諸国を中心に広がってゆくと保険市場も世界各国に誕生し、次第に保険商品やカバーの内容が充実してゆく。近代的保険は海上保険に始まり、ロンドン大火をきっかけに火災保険が成立し、産業への投下資本を災害や事故から守る機能が発達してゆく。保険の対象は人間の生命、賠償責任、自動車事故をはじめとした様々なリスクに広がり、社会の公器として重要な役割を担ってゆく。また、再保険によって保険会社のリスク引受キャパシティーが増強され、リスクテーカーとしての機能が拡充されてゆく。

　しかしながら、経済全体における保険の重要な機能と役割は、経済主体の不測の事故や災害による経済的損害を補填し資本の安定を支援することにとどまっている。この時点ではリスクテーカーの主役は資金提供を行う投資家であった。

　戦後の世界的な経済復興と高度経済成長によって貿易規模が大幅に拡大してくると、金本位制が限界に達し、ニクソンショックによってアメ

リカドルの金への交換が禁止される。貿易通貨の発行量不足を補うために通貨発行国の管理を受けないユーロマネーが登場し、さらに、信用に基づいてレバレッジが掛けられてマネーが巨大化する。金融が実体経済から乖離して独り歩きを始め、自らが利益を生み出す一大産業に変質し、銀行、証券、保険の役割もこれまでと同じではなくなってゆく。

すなわち、信用の裏付けによって資金が膨張し、さらに債券化されて金融市場に大量に溢れるようになると、証券業務の中心は株式の売買から債権の設定と売買の仲介に移行し、銀行業務の中心は巨額の債券の受け皿業務になってゆく。一方、企業活動に関わるリスクは、コンピュータ及びITの普及、グローバリゼーション、多国籍化、技術革新によって高額化・複雑化してゆく中で、銀行や証券会社は融資や社債発行条件の決定に際して、自らの分析・評価に加えて信用格付会社の評価を第三者による客観的評価として重要視するようになる。

第三者の評価を加えることによって経営状況と財務内容の分析の客観性は高まるが、依然として事業リスクに対する資本の妥当性の確保の問題が残る。資本市場は、企業に対して資本増強やローンの設定にあたって、企業活動に関わる様々なリスクに必要な管理とヘッジが行われ、資本とリスク量が適切なバランスに管理されていることを具体的に示すことを求める。

企業が、適切な資本とリスクヘッジの組み合わせを検討・実施するためにはリスクテーカーとのコラボレーションが重要であり、その結果が企業の将来を左右することにもなる。別の言い方をすれば、リスクテーカーに支援される資本とリスクヘッジの組み合わせの構築は、追加資本の調達や社債の発行においても重要であり、企業の成長戦略の重要な鍵になるということである。

一方、リスクテーカーは、顧客企業の事業展開及びグローバルなサプライチェーンに付随する様々な経済的リスクについて、合理的な解決策

を提案できる知見を有していることが求められる。その最も近い所にいるのが保険会社であり、個々のリスクの引受けに加えて、戦略的保険の提供を通して顧客企業の資本に余力を生み出すことができれば保険会社の重要性は高まる。さらに、保険会社は、グローバル再保険会社とのコラボレーションによって保険引受キャパシティーの拡大とグローバルリスクに関する提案能力を高めることができる。

リスクテーカーの重要性の高まりは、既に経済指標にも現れはじめている。〈図表16〉はアメリカの金融産業のうち、保険、銀行及び信用仲介、証券の三つの事業のGDPに対する貢献度をグラフにしたものである。保険のGDPに対する貢献度が徐々に上昇しつつあり、最大である銀行・信用仲介事業に肩を並べてきている。

保険業が銀行業にGDPへの貢献度合いで肉薄してきていることは、保険会社のアメリカ経済における舵取りの役割が大きくなってきていることを端的に表している。アメリカの保険の種目別の収入保険料の推移を見ると、生命保険や自動車保険、ホームオーナーズ保険をはじめとし

〈図表16　保険産業のGDPへの貢献度〉

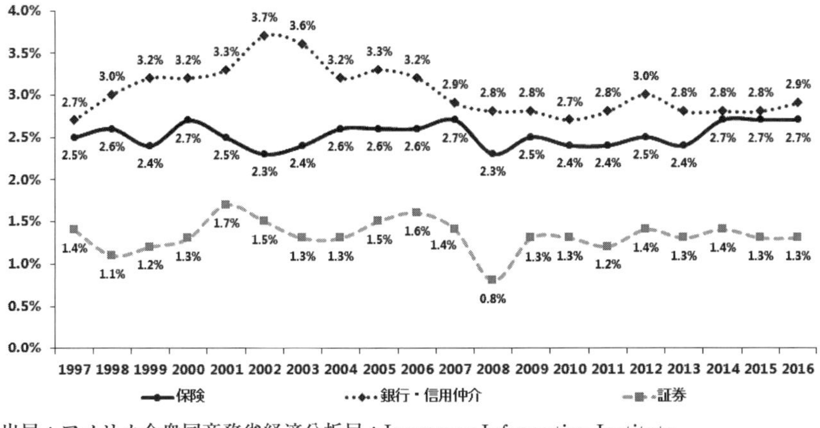

出展：アメリカ合衆国商務省経済分析局；Insurance Information Institute

た家計分野の損害保険、企業分野の保険が全般的に伸びており、アメリカ社会全般に保険普及の上昇傾向が見られる。また、銀行や証券の新たな業務の一つとして、保険に類似した機能を持つキャットボンドや天候デリバティブなどのILS、あるいは為替リスク、市場リスクをヘッジするためのオプションの発行など、リスクテーカーとしての役割を担うビジネスが拡大基調にある。したがって、リスクテーカーの重要性は〈図表16〉の保険産業の数字以上に高まってきているといえる。ただし、一方ではプロテクションギャップが拡大しているという実態（158ページ参照）があり、保険産業の現在の伸張状況では不十分であると考えられる。経済活動に係るリスク量が増大傾向にある中で保険普及の一層の拡大が期待される。

産業革命と金融市場の誕生以降、長らく経済発展と企業活動のリスクテーカーは資本を提供する銀行と証券会社（投資銀行）であったが、今、主役が保険会社とグローバル再保険会社に移ろうとしている。長い経済の歴史における重大な転換であり、保険会社は歴史上初めて経済の方向性を決める舵取り役を担う。経済の舵取り役として重要な使命は二つある。一つは、リスクテーカーの伝統的役割であり、文化的社会の発展のための様々なイノベーションを支えてゆくことである。もう一つが、サプライチェーンを詰まらせて経済活動の血液循環を止めないことである。保険会社は、そのための適正資本とリスクヘッジの組み合わせについて合理的な提案を行い、リスクの引受けを担ってゆくことが使命となる。

経済のグローバル化は政治的な駆け引きがあるとしても大きな潮流が変わることはなく、サプライチェーンは今後も複雑化と拡大を続ける。また、AIの導入、ビッグデータ、デジタル革命の進展、エネルギー革命、様々な新しい技術の導入、ブロックチェーン及び仮想通貨の登場など、経済構造に革命的変化が起ころうとしている。他方、不安定な地政学情勢は今後も続くことが予想され、エネルギーのサプライチェーンは

不安定な状況が続く。

　経済のスピードが上昇している中で、サプライチェーンを止めないこと、サプライチェーンが寸断した場合に迅速に復旧することが企業の継続的成長の鍵となる。一方、高い資本効率の達成は価格競争力に直結する重要課題であり、資本とリスクヘッジの合理的な組み合わせによって、資本効率の向上とリスクに対する耐性強化を同時に成立させてゆかなければならない。既に、複数の大手グローバル再保険会社は、保険会社の戦略的パートナーとなって世界経済の安定的発展と技術革新をリードしてゆく姿勢を明確に打ち出し、積極的な動きを見せている。豊かな文化的社会の継続・発展のために、保険会社が船頭となって経済発展の方向性を社会に示してゆく時代が到来している。

あとがき

　本書の執筆を決めたのが2018年の夏である。前著の上梓から３年が過ぎ、自分の考えを一冊に纏めて発信したい気持ちがある反面、週末以外にはじっくり執筆に向き合えない事情から中々その気になれなかった。筆を執る決心をした背景には、ここ数年大型の自然災害が連続して保険の必要性について関心が高まったことがあるが、それ以上に私の著作の熱心な読者である友人達が強く背中を押してくれたことが大きい。中でも、私の過去の著作の何冊かの編集を担当してもらった内田弘毅氏には強く背中を押して頂いた。また、今回は構成から編集までのすべての過程を保険毎日新聞社の大塚和光氏に丁寧に見て頂き、さらに、本書の企画段階から森川正晴氏、後藤宏二氏にアドバイスと大きな支援を頂いた。心よりお礼を申し上げたい。

　筆を執った背景についてもう少しお話ししたい。東日本大震災とタイ洪水があった2011年以降しばらくの間日本経済に重大な影響を及ぼす自然災害の発生がなかったが、2016年の熊本地震、2017年、2018年と大型の気象災害が相次ぎ、経済損害の大きさと保険機能拡大の必要性が注目された。関心の高まりによって私への講演の依頼も増え、国内外の保険関係のセミナーや大学での特別講義など、いくつか引き受けせて頂いた。また、2018年10月に開催された日本保険学会の平成30年度全国大会では、『大規模自然災害と再保険』と題して基調講演を行った。

　話しをする機会を頂くことは光栄であるが、再保険の実務家である私に頻繁に声が掛かるのは社会生活や経済に大きな影響を及ぼす災害や事故が起こったときである。また、私の話しは危機感を煽るようでもあり、気持ちが明るくなる愉快な話題ではない。しかしながら、重要なことは過去の経験を無にせず、そこから学んだことを基に今後の重大な事態に

あとがき

備えることであり、私の話しがその一助となればという思いで講演を引受けている。そして、私の意見や考えを活字を通してより多くの人々の参考にして頂ければという思いから今回重い筆を執った。

『サプライチェーンとリスク』というテーマを取り上げた理由は、グローバルに分業化された現在の経済社会においてサプライチェーンの重要性が近年大きく高まっていること、そして、サプライチェーンの寸断が国内外の取引先への負の連鎖を招く特徴的問題であるからである。人間の体には血液が循環して流れ、酸素や栄養分、水分、老廃物が運ばれて体が機能するように、現在の世界はサプライチェーンによって経済的に結ばれて一体となって機能している。血液循環と同様に、サプライチェーンを止めれば経済活動は重大な影響を受ける。

ただし、人間の体と経済とでは決定的に異なっているところがある。すなわち、人間の体は血液の循環が止まり早期に回復できなければ一部、または全部の機能が停止し、場合によっては死に至る。経済の場合は、サプライチェーンが詰まれば機能停止、もしくは機能低下するが、いつか元に戻る。重要な違いは、元に戻るのは必ずしも障害を起こした箇所の機能回復によるのではなく、しばしば新たなサプライチェーンが構築されて機能回復することである。

日本は、アジアの海洋国として製造業を中心に多くのサプライチェーンの中核となり、世界第3位の経済国の地位を築いてきたが、その役割は未来に向けて保障されたものではない。しかしながら、日本でのサプライチェーンの重要性とリスク対応の必要性に対する認識は薄く、現状は脆弱であると言わざるを得ない。

元号が「令和」となり、AIが導入されてデジタル革命が進行し、自動運転のEV（電気自動車）の普及やキャッシュレスで決済される時代がそこまで来ている。産業構造の転換に際してグローバルな企業間競争が激化する。さらに、企業の資本効率と収益性向上のためにサプライチ

ェーンのグローバルな拡大と複雑化は否が応でも進行する。そのためのサプライチェーンのリスクマネジメントの重要性が高まることは必定である。

　一方、サプライチェーンリスクが複雑化・高額化を続ける中で、保険を提供する保険会社においても様々な問題が発生する。リスクの複雑化によって経済価値の計算が難しくなる中で、高額化が同時進行すれば、保険会社は間接的原因による事業中断保険の提供に慎重にならざるを得ない。また、重大化しているサイバー事故に対する保険提供の拡大についても制限的にならざるを得ない。しかしながら、問題の重大性を大幅に軽減することはできる。

　ERMを徹底し、工場や機械設備への直接的損害に対する保険及び事業中断保険を購入することによって生産ラインの復旧を迅速に行うことができる。そうすればサプライチェーンの寸断期間が短縮され、世界への負の連鎖を防ぐことができる。

　企業側の意識として保険料を利益の圧縮要素と見る向きがあるが、保険を単なる損害に対する経済的備えとしてだけでなく、資本効率の向上のための戦略の一つとして捉えれば保険の利用を積極的に考えることができるのではないだろうか。また、企業経営者は、如何なる事態にも取引先に対して契約条件を履行することとともに、企業価値を維持し、従業員の雇用を確保して従業員と家族の生活を守る責任があることを再確認しなければならない。

　本書が、企業が新しい時代に生き延びてゆくために、サプライチェーンリスク対応の必要性について考える上で読者の皆さんの参考になることを願って筆を置く。

2019年6月

石　井　　隆

事項索引

あ行

アジアインフラ投資銀行（AIIB）… 106
アジア開発銀行（ADB）… 106
アジア通貨危機 … 99
阿片戦争 … 14,67
アメリカの西部開発 … 32
アメリカの独立 … 17
アルカイダ … 131
アレクサンダー大王 … 4
アン女王戦争 … 45
イギリス帝国 … 15
イギリス東インド会社 … 16,31
伊勢湾台風 … 121,164
一帯一路 … 103
イラン・イラク戦争 … 131
イラン革命 … 130
イングランド銀行 … 23-25,27,93
ウクライナの騒乱 … 133
オイル危機 … 130
オスマン朝トルコ … 6
オランダ東インド会社 … 7

か行

外貨準備高 … 62
海上保険 … 34,36
海洋国家 … 5
価格競争 … 87
家計地震保険制度 … 158
火災保険 … 34
仮想通貨 … 93
貨幣法 … 21,31
カリフォルニア地震公社 … 158
関税同盟 … 100
北前船 … 71
規模の経済 … 87
キャッシュフロー … 166
ギリシャの債務危機 … 101
金本位制 … 21,31
金融ビッグバン … 97
クラウドシステム … 93
経済制裁 … 131
経済の三つの生産要素 … 3
権利章典 … 27
航行の自由作戦 … 133
高度経済成長 … 80,90
国際決済通貨 … 30,62,97
国際準備通貨 … 107
護送船団行政 … 98
固定価格買取制度 … 144
昆布ロード … 71

さ行

サイバー攻撃（サイバーテロ）… 94
サイバー事故 … 94
サイバーハリケーン … 125
サイバーBI保険 … 156
財閥 … 89
再版農奴制 … 7
再保険 … 35

サプライチェーン管理 ---------------- 4
三角貿易 ------------------------- 13
産業革命 --------------------- 21,22,23
シカゴ・マーカンタイル取引所 ------ 61
自己資本規制 --------------------- 154
シティー ----------------------- 21,29
ジブラルタル --------------------- 18
ジャスト・イン・タイム ---------- 113
ジャパン・アズ・ナンバーワン ------ 98
自由銀行法 --------------------- 56,59
住宅サブプライムローン ----------- 62
循環経済 ------------------------- 13
省エネ -------------------------- 130
蒸気機関 ------------------------- 28
蒸気機関車 ----------------------- 15
殖産興業 ------------------------- 73
シルクロード -------------------- 105
信教の自由法 --------------------- 27
人工知能（AI: Artificial Intelligence）--
  118
神聖ローマ帝国 --------------------- 9
信用格付け ----------------------- 97
スエズ運河 ----------------------- 19
スペイン継承戦争 ----------------- 45
スマート・コントラクト ----------- 94
スマートグリッド ------------- 143,144
制海権 --------------------------- 12
西南戦争 ------------------------- 75
生命表 --------------------------- 38
生命保険 ------------------------- 35
世界の銀行 ----------------------- 29
世界の工場 ----------------------- 29
戦後復興 ------------------------- 90

全米洪水保険プログラム ----------- 158
ソルベンシー II ------------------ 154

た行

第一合衆国銀行 ------------------- 58
第一国立銀行 --------------------- 75
第一次世界大戦 ----------------- 16,53
第二次世界大戦 ------------------- 16
第四次中東戦争 ------------------ 130
大恐慌（世界恐慌）---------------- 60
大航海時代 ---------------------- 105
大政奉還 ------------------------- 73
大東亜共栄圏 --------------------- 76
大日本帝国 ----------------------- 16
大陸横断鉄道 --------------------- 31
多国籍企業 --------------------- 56,87
樽廻船 --------------------------- 71
地球温暖化 ---------------------- 112
徴利禁止令 ----------------------- 35
デジタル革命 -------------------- 137
デリバティブ -------------------- 157
天津火災・爆発事故 -------------- 129
東京株式取引所 ------------------- 75
東西冷戦構造 -------------------- 134
同時多発テロ ----------------- 109,158
堂島米会所 ----------------------- 71
東南アジア諸国連合（ASEAN）---- 102
東方見聞録 ------------------------ 5
独立戦争 ------------------------- 44
トラファルガー海戦 ------------- 11,45
奴隷貿易 ------------------------- 14
ドローン ------------------------ 145

な行

ナイル海戦 ———————————— 11
長崎貿易 ————————————— 7
七年戦争 ———————————— 8,45
ナノ物質 ———————————— 137
ナポレオン・ボナパルト ————— 11
南海泡沫（バブル）事件 ———— 31
南米南部共同市場（Mercosur）—— 102
南北戦争 ————————————— 47
日露戦争 ————————————— 73
日清戦争 ———————————— 16,73
日中戦争 ———————————— 104
日本銀行 ————————————— 75
日本版ビッグバン ———————— 98
ニューヨーク証券市場 —————— 60
農業革命 ————————————— 23
ノルマンディー公国 ——————— 9

は行

バーゼル銀行監督委員会 ———— 154
バーゼルⅢ —————————— 154
八十年戦争 ———————————— 6
ハリケーン・カトリーナ ———— 120
ハワイ併合 ———————————— 54
汎アメリカ主義 ————————— 54
菱垣廻船 ————————————— 71
東日本大震災 —————————— 120
東ローマ帝国 ——————————— 5
ビッグデータ —————————— 92
ビットコイン —————————— 93
ピューリタン革命 ———————— 23
ピルグリム・ファーザーズ ——— 47
フィンテック —————————— 93
富国強兵 ————————————— 73
双子の赤字 ———————————— 64
冬将軍 —————————————— 11
プラザ合意 ———————————— 90
フランク王国 ——————————— 8
フランス革命 —————————— 17
ブレグジット —————————— 101
ブレトンウッズ体制 —————— 63
ブロック経済 ————————— 77,100
ブロックチェーン ———————— 93
プロテクションギャップ ———— 158
フロンティア —————————— 46
米英戦争 ————————————— 46
米西戦争 ————————————— 54
米比戦争 ————————————— 54
米墨戦争 ————————————— 54
ベルリン会議 ————————— 131
冒険貸借 ————————————— 35
ポーツマス条約 ————————— 75
北米自由貿易協定（NAFTA）—— 102
保険リンク証券（ILS）———— 157
ホルムズ海峡 ————————— 130

ま行

マーストリヒト条約 —————— 100
マグナカルタ —————————— 21
マルコ・ポーロ ————————— 5
ムーアの法則 ————————— 138
ムガル帝国 ———————————— 12
無敵艦隊 ————————————— 6
明治維新 ————————————— 72
名誉革命 ————————————— 23

モータリゼーション ················ 60
ものづくり ······················ 79,130
モンゴル帝国 ······················· 5
モンロー主義 ···················· 46,53

や行

ユダヤ人追放令 ······················ 7
ユーロ ··························· 101
ユーロカレンシー ··················· 63
ユーロダラー ······················ 63

ら行

ランサムウェア ···················· 125
リーマンショック ··················· 95
リーマン・ブラザーズ ··············· 62
略奪型経済 ······················· 6,12
レアメタル ························ 137
レーガノミクス ····················· 63
歴史の終わり ····················· 134
ローマ帝国 ························· 4
ロボット技術 ····················· 145

わ行

ワーテルローの戦い ················ 59
湾岸戦争 ·························· 131

A～

AI ································ 138
AIG ··························· 61,175
BCP（事業継続計画） ············· 149
Berkshire Hathaway ············ 62,173
BI 保険 ··························· 155
BIS（国際決済銀行） ·············· 168
CBI 保険 ·························· 156
CRO（Chief Risk Officer） ········ 151
EPA ······························ 103
ERM（統合型リスクマネジメント） ·····
 149
EU ······························ 100
FTA ······························ 103
IPCC（気象変動に関する政府間パネル） ···························· 122
IS ······························· 131
Lloyd's ······················ 22,32,173
M&A ····························· 152
NASDAQ ··························· 61
NDBI 保険 ························· 156
Swiss Re ························· 174
TPP ······························ 103

[著者略歴]

石井　隆（いしいたかし）
　1981年4月　　東亜火災海上保険（株）、現在のトーア再保険（株）入社
　2000年1月　　Danish Re、現在の Markel International 入社
　2001年5月　　Gen Re 入社、日本支配人就任
　2017年4月　　ジェンリー・ジャパン・サービス（株）設立に伴い代表取締役社長就任

〈著作〉
「最後のリスク引受人―知られざる再保険」（2011年5月　保険毎日新聞社）
「最後のリスク引受人2　日本経済安全保障の切り札―巨大自然災害と再保険」（2013年1月　保険毎日新聞社）
「銀行窓口の法務対策4500講」共著（2013年6月　金融財政事情研究会〈きんざい〉）
「リスクの本質と日本人の意識」（2015年8月　保険毎日新聞社）

〈新聞掲載〉
「経済メカニズムの変化と再保険―世界の経済地図と金融、資本市場が大きく変化する中での再保険（2008年6月〜7月　保険毎日新聞）」
「ポスト金融危機の再保険―問い直される再保険キャパシティーの意味と資本（2010年1月〜3月　保険毎日新聞）」

〈セミナー・テレビ出演〉
2012年3月1日：日本銀行　金融高度化セミナー「東日本大震災を踏まえた今後の業務継続体制」
2014年2月1日放映：KHB 東日本放送　東北ビジネス最前線「『想定外』とは言わせない！　企業のリスク管理を考える」
2014年6月20日：日本価値創造 ERM 学会　研究会「世界の再保険市場の動向と日本の現状」
2018年8月29日：東アジア太平洋保険フォーラム2018（開催地：台北市）「リスク社会の戦略―グローバルな気候変動と地震活動の活発化に対して、保険業者はどう対処すべきか」
2018年10月28日：日本保険学会　平成30年度全国大会　基調講演「大規模自然災害と再保険」

グローバル経済下の
サプライチェーンとリスク

著　　　者	石　井　　隆
発　行　日	2019年7月20日
発　行　所	株式会社保険毎日新聞社 〒101-0032　東京都千代田区岩本町1-4-7 TEL　03-3865-1401／FAX　03-3865-1431 URL　http://www.homai.co.jp/
発　行　人	森　川　正　晴
カバーデザイン	塚　原　善　亮
印刷・製本	シナノ印刷株式会社

Ⓒ2019　Takashi Ishii　Printed in Japan
ISBN978-4-89293-421-6

本書の内容を無断で転記、転載することを禁じます。
乱丁・落丁本はお取り替えいたします。